Johann Ferdinand Roth

Leben Albrecht Dürers, des Vaters der deutschen Künstler

Nebst alphabetischem Verzeichnisse der Orte, an denen seine Kunstwerke

aufbewahret werden

Johann Ferdinand Roth

Leben Albrecht Dürers, des Vaters der deutschen Künstler
Nebst alphabetischem Verzeichnisse der Orte, an denen seine Kunstwerke aufbewahret werden

ISBN/EAN: 9783743483675

Hergestellt in Europa, USA, Kanada, Australien, Japan

Cover: Foto ©Thomas Meinert / pixelio.de

Manufactured and distributed by brebook publishing software (www.brebook.com)

Johann Ferdinand Roth

Leben Albrecht Dürers, des Vaters der deutschen Künstler

Leben

Albrecht Dürers,

des

Vaters der deutschen Künstler.

Nebst

alphabetischem Verzeichnisse der Orte,

an denen seine Kunstwerke aufbewahret

werden.

Möglichstvollständig beschrieben

von

Johann Ferdinand Roth,

Diakonus bey St. Jakob in Nürnberg.

Leipzig,

in der Dyk'ischen Buchhandlung,

Vorerinnerung.

Seit geraumer Zeit wende ich meine Mußestunden an, zu dem Doppelmaierischen Werke von Nürnbergischen Künstlern Ergänzungen und Fortsetzungen zu sammeln. Das folgende Leben Dürers ist ein Bruchstück dieser Sammlung. Man vergleiche das, was Arend, Schöben, Klein lieferten, mit meinen Nachrichten, so wird man, wie ich mir schmeichle, diese Arbeit nicht für überflüßig ansehen.

In dem Verzeichnisse der Orte, an denen Dürerische Kunstwerke gefunden werden, schränkte ich mich nur auf öffentliche Kunstkabinette oder wenigstens solche ein, welche Fideicommisse sind, weil Kabinette der Privatpersonen zu häufig der Zerstreuung Preiß gegeben werden.

Von Dürers Holzschnitten, Kupfer- und Eisenstichen lieferte ich kein Verzeichniß, weil dieses schon durch Knorr, Hüschen und von Heinecke geschehen ist.

Uebri-

Vorerinnerung.

Uebrigens versteht sichs schon von selbst, daß meine Arbeit, wenn ich gleich Dürers Leben möglichst-vollständig zu liefern strebte, dennoch unvollkommen sey, und noch mancher Berichtigungen, Ergänzungen und Zusätze bedürfe. Um diese von Kennern der Litteratur und Kunst zu erhalten, erbat ich mir von den Herren Herausgebern der Neuen Bibliotbek der schönen Wissenschaften und freyen Künste, darin ein Plätzchen für diese meine Arbeit. Jede Verbesserung und Vervollständigung derselben wird mir höchstwillkommen seyn, wird von mir dankbarst benützt werden, sobald ich im Stande seyn werde, meine Fortsetzung des Doppelmaierischen Werks dem Drucke übergeben zu können.

Nürnberg
im August 1790.

R o t h.

Erstes Kapitel.

Von Albrecht Dürers Vorfahren, Aeltern und Geschwistern.

Die Vorfahren unsers Albrecht Dürers lebten in Ungarn, trieben den Landbau und einen kleinen Handel mit Pferden, Ochsen und allerley Vieh. Sein Großvater, Anton Dürer, kam auf einem Dörfchen, Eytas mit Namen, nicht fern von einem kleinen Städtchen, *) Jula (Eula oder Gyula), acht Meilen unter Großwaradein in Oberungarn, zur Welt. Als Knabe begab er sich in obgedachtes Städtchen zu einem Goldschmiede, und erlernte dessen Handwerk. Ebendaselbst verheirathete er sich auch mit einer Jungfer, Namens Elisabeth, und zeugte mit ihr eine Tochter Catharina und drey Söhne.

Der erste Sohn hieß Albrecht, wurde ein Goldschmied, und war unsers großen Albrechts Vater.

Der zweyte Sohn hatte den Taufnamen Laßle oder Ladislaus, und wurde ein Zaummacher

A 4   oder

---

*) Man sagt, daß dieser Ort auf dem Kupferstiche unsers Albr. Dürers vorgestellt sey, wo eine geflügelte Weibsperson auf einer Kugel steht, in der Linken einen Zaum, in der Rechten aber einen Becher hat, in einer sehr fleißig gezeichneten Landschaft, die ganz gewiß eine wahrhafte Gegend ist.

ober Riemer. Sein Sohn, Nikolaus Dürer, erlernte das Goldschmied-Handwerk zu Nürnberg bey seines Vaters Bruder, wurde nachher zu Kölln am Rhein seßhaft, und insgemein Niklas Unger genennet.

Der dritte Sohn, Johann, studirte Theologie, und wurde nachher Pfarrer zu Warabein, welches er bey 30 Jahre lang blieb.

Der obige erste Sohn Antons, der Vater unsers Albrechts, wurde im Jahre 1427 geboren, erlernte die Kunst seines Vaters, und begab sich als Goldschmiedsgeselle auf Reisen. Nachdem er sich lange Zeit zuerst in Deutschland und hernach in den Niederlanden bey den größten Künstlern aufgehalten hatte, ging er endlich nach Nürnberg, wo er im J. 1455, am St. Lorenztage, anlangte. An eben demselben hielt Philipp Pirkheimer, den einige unrecht Wilibalds Vater nennen, auf der Vesten Hochzeit, wo unter der großen Linde ein ansehnlicher Tanz aufgeführt wurde.

Hier begab er sich in die Werkstätte des Hieronymus Hallers, eines Goldschmieds, welcher eine Tochter Oellingers von Weissenburg, mit Namen Kunigunda, zur Ehe hatte, und blieb bey ihm bis zum J. 1467, in welchem er dessen Tochter, Barbara, ein Mädchen von 15 Jahren *), heirathete. Die eheliche Verbindung wurde acht Tage vor St. Veitstag vollzogen, und war

*) Unser Dürer nennt sie in seinem eigenhändigen Aufsatze: »eine hübsche gerade Jungfrau.«

war sehr fruchtbar, indem beyde Eheleute *) acht=
zehn Kinder, 11 Söhne und 7 Töchter, taufen
ließen, wovon aber nur folgende drey Söhne sie
überlebten:

Das dritte Kind aus dieser Ehe war unser
Albrecht Dürer, und seine beyden Brüder
hießen Andreas und Hanns.

Jener, Andreas, ward geboren 1484, am
Tage vor St. Marxtage, den 22sten April, ei=
ne Stunde nach Mitternacht; sein Taufpathe war
Endres (Andreas) Strohmayr. Er überlebte
unsern Albrecht, der ihn auf seine Kosten, nach des
Vaters Tode, auf Reisen sandte, und erbte seine
hinterlassene Kunstsachen, alle Holzstöcke, Gemäl=
de und Platten, von deren Abdrücken er sich nähr=
te. Daher kommt es, daß viele Dürerische Ku=
pferstiche so matt abgedruckt sind. Er starb
ledig.

Dieser, Johann oder Hanns, kam zur
Welt 1490, an der Herren Fastnacht, zwey
Stunden nach Mitternacht, wurde, nach des Va=
ters Tode, von unserm Albrecht Dürer in das
Haus aufgenommen, und in der Malerey so gut
unterrichtet, daß er endlich königlich polnischer Hof=
maler ward.

Der Vater dieser drey Söhne war Genannter
des größern Raths und Gassenhauptmann, und

A 5

kommt

***

*) Siehe »Eigenhändig geschriebene Nachricht Al=
brecht Dürers von seinem Vater« unter den Bey=
lagen No. I.

kommt als solcher in den nürnbergischen Bürger-
büchern bey dem J. 1490 vor, und zwar auf der
Sebalderseite. Er wohnte in des obigen Philipp
Pirkheimers Hinterhause, dem jetzigen Löffelhol-
zischen Hause gegen dem schönen Brunnen über.

Er starb den 9ten Sept. 1502 nach Mitternacht vor St. Matthäus-Abend, in den Armen seines Sohnes, der auch, weil der Vater
wenig Vermögen hinterlassen hatte, zwey Jahre
nach dessen Tode, nämlich im J. 1504, seine
Mutter zu sich nahm, die am 17ten May 1514
verstarb *).

Folgendes Zeugniß, welches unser Albrecht
Dürer (s. Beylage No. 1.) seinem Vater giebt,
macht sowohl dem Charakter des Vaters als auch
dem Herzen des Sohnes Ehre.

„Er hat sein Leben,“ schreibt er, „mit großer
Mühe und schwerer harter Arbeit zugebracht, und
von

*) Dürer schreibt: „Zwey Jahre nach meines Va-
ters Tode nahm ich meine Mutter zu mir; denn
sie hatte nichts mehr; und da sie bey mir wohnte,
bis daß man zählte 1513 Jahre, da wurde sie
an einem Erichtage (Dienstage) früh tödtlich
und jählings krank und lag ein ganzes Jahr lang.
Und von dem ersten Tag an über ein Jahr, als
sie krank worden, war an einem Erichtag, am
17ten May im 1514. Jahr, nach Empfahung des
heil. Sakraments, ist sie christlich verschieden,
zwey Stunden vor Nachts; der ich selbst vorgebethet habe. Der allmächtige Gott sey ihr
gnädig!“ S. die Beylage No. 2.

von nichts anders Nahrung gehabt, denn was er
für sich, sein Weib und Kind, mit seiner Hand ge=
wonnen hat; darum hat er gar wenig gehabt; er
hat auch mancherley Betrübung, Anfechtung und
Widerwärtigkeit gehabt. Er hat aber auch von
Männiglichen, die ihn gekannt haben, ein gutes
lob gehabt; denn er hielt ein ehrbares christliches
leben, war ein geduldiger Mann und sanftmüthig,
gegen jedermann friedsam, er hat sich auch nicht
viel Gesellschaft und weltlicher Freude bedient, er
war auch weniger Wort und ein gottesfürchtiger
Mann.

„Dieser mein lieber Vater hat großen Fleiß
auf seine Kinder gewandt, sie zur Ehre Gottes zu
erziehen; denn sein höchstes Begehren war, daß er
seine Kinder mit Zucht wohl aufbrächte, damit sie
vor Gott und den Menschen angenehm würden.
Darum war seine tägliche Sprache zu uns: daß
wir Gott sollten lieb haben und treulich gegen un=
sern Nächsten handeln. — —

„Darnach begab sichs aus Zufall, daß mein
Vater krank wurde an der Ruhr, also, daß ihm
diese niemand stillen mochte. Da er nun den Tod
vor seinen Augen sahe, gab er sich willig drein, mit
großer Geduld; befahl mir meine Mutter, und
befahl uns göttlich zu leben. Er empfing auch die
h. Sakramente und verschied christlich — dem
Gott gnädig und barmherzig sey. “

Es ist ein einseitiges Schaustück auf ihn vor=
handen, welches sein dankbarer Sohn, unser Albrecht, bossirt hat;

Ein

Ein Mann mit einer breiten Stulpkappe bedeckt, in umgeschlagenen Pelzschlafrocke, rechts
schauend, oder die linke Gesichtsseite zeigend. Zur
Rechten ist im leeren Raume das in einander ge-
setzte A. D. als das bekannte dürerische Zeichen zu
sehen, mit der Jahrzahl 1514. Idem, ohne Namen. Das Zeichen seines Vaters und darunter
1514. *)

Hr. Schaffer Panzer in seinem Verzeichnisse
Nürnbergischer Portraite S. 44 und 45 führt
folgende Bildnisse an:

„O. 1497. Albrecht *Thurer*, der elter. *VI. ID.*
alt. 70. Jor. U. Nobili — Iohanni Maximilia-
no zum Iungen — Henricus van der Borcht —
dedicat, Anno 1644. *Albertus Durerus pinxit.*
W. Hollar fecit. fol.

U. *Idem.* Schau Albrecht Dürer hier etc. O.
Obiit. 1502. Aet. 75. Albr. Dür. Zeichen. 4.

U. *Ead. tab.* ohne Albr. Dürers Zeichen. 4.

O. *Idem.* Albrecht *Durer* Senior. 8. *Sandr.* P.
I. Tab. BB.

O. *Ead. tabula*, Albrecht *Durer* der Aelter. 8.
Sandr.

U. *Idem.* Albrecht *Durer* der Aeltere, ov. Knorrs
Kunst-Hist. Tab. 3.

Zwey-

*) S. Hrn. Prof. Wills Nürnberg. Münzbelust.
I. 321.

Zweytes Kapitel.

Albr. Dürers Jugendgeschichte.

Albrecht Dürer, der Vater der deutschen Maler, erblickte das Licht der Welt im J. 1471, in der sechsten Stunde am St. Prudentientage, an dem Dienstage der Kreuzwoche oder den 20sten May. Sein Taufpathe war der berühmte nürnbergische Buchdrucker Anton Koburger (Koberger); er bekam seines Vaters Taufnamen, Albrecht.

Er war der Liebling seines Vaters, wie er es selbst (s. Beylage No. 1.) bezeuget: „Sonderlich hatte mein Vater an mir einen Gefallen, da er sahe, daß ich fleißig in der Uebung zu lernen war; darum ließ er mich in die Schule gehen; und da ich schreiben und lesen gelernt, nahm er mich wieder aus der Schule und lehrte mich das Goldschmieds-Handwerk. "

Schon als Kind wählte er sich das Zeichnen zu seinem Spiele. Oft zeichnete er tändelnd Theile des menschlichen Körpers und ganze Figuren mit erstaunungswürdiger Richtigkeit; und mit einer eben so flüchtigen Leichtigkeit führte er damals schon aus freyer Hand einen so sichern Strich, daß auch Kenner keinen Anstand nahmen, zu glauben, er sey mit Hülfe der Regel oder des Zirkels gezogen.

Dürer brachte es bey seinem Vater im Zeichnen und in der Goldschmiedskunst bald soweit, daß er schon vor dem 16ten Jahre seines Alters ein

schönes

schönes von Silber getriebenes Werk, das die sieben Fälle Christi vorstellte, zur großen Freude seines Vaters, zu Stande brachte.

Dennoch wollte Dürer lieber die Malerkunst
erlernen, worein aber sein Vater ungern willigte,
wie er am angeführten Orte schreibt: „Da ich
nun säuberlich arbeiten konnte, trug mich meine
Lust mehr zu der Malerey, denn zu dem Goldschmieds-Handwerk. Dieß hielt ich meinem Vater vor; aber er war nicht wohl zufrieden; denn
es reute ihn die verlorne Zeit, die ich mit der
Goldschmiedslehre zugebracht hatte. Doch ließ er
mirs nach."

Der Vater empfahl unsern Albrecht einem
berühmten Maler zu Colmar, Martin Schön *),
seinem alten Freunde, in einem Briefe. Als er
aber im Begrif war, seine Reise dorthin anzutre-
ten, lief die unvermuthete, für ihn traurige Nachricht

---

*) In den Opp. Pirkheimeri p 352 schreibt Scheurl
in Ant. Kreßens Leben: »Ceterum *Albertus* ad
me hoc significantem scribit, saepe etiam coram
testatur, patrem *Albertum* — destinasse quidem,
se adolescentulum, *tertium decimum annum* na-
tum, *Martino Schön*, ob celebrem famam, in
disciplinam traditurum fuisse, et ad eum, eius
rei gratia dedisse etiam literas, qui tamen sub
id tempus excesserit, unde ipse in Gymnasio
utriusque nostrum vicini et municipis *Michaelis
Wolgemuts*, triennio profecerit.« Dieser Martin Schön wurde gemeiniglich der hübsche Mär-
ten genannt.

richt ein, daß dieser vortrefliche Künstler mit Tode
abgegangen sey.

Deswegen übergab ihn sein Vater im Jahr
1486, am St. Andreastage, dem Michael Wohlgemuth, einem der besten damaligen Mäler in
Nürnberg, zur Unterweisung im Zeichnen und Malen, und zwar auf drey Jahre. „In der Zeit,“
schreibt er, „verlieh mir Gott Fleiß, daß ich wohl
lernte, ob ich schon viel von seinen Knechten
(Schülern) leiden mußte.“ Bey diesem übte
sich Dürer sowohl im Zeichnen und Malen, obgleich
Wohlgemuths Art zu malen noch sehr altgothisch
war, als auch im Kupferstechen und Holzschneiden,
indem von ihm gerühmt wird, daß er einer der besten Formschneider gewesen sey *). Unser Dürer schätzte wenigstens seinen Lehrmeister sehr, und
bezeigte ihm seine Hochachtung bis in sein höchstes
Alter, indem er im J. 1519 den 19ten Nov. in
seinem 84sten Jahre starb, wie Dürer auf dem
Portraite, das er ihm zu Ehren verfertigte, berichtet. Es ist auch eine Gedächtnißmünze auf Wohlgemuth im J. 1508 geprägt worden, welche in
Hrn. Prof. Wills Nürnb. Münzbelust. III. Th.
18. St., in Knorrs Künstler-Hist. S. 221,
und in Hrn. Senators von Im Hof Nürnberg-
schen Münz-Cabinette ist beschrieben worden.

Im

---

*) Nach Hrn. C. G. v. Murr Journal der Kunst-
geschichte II. Th. S. 157, soll im Formschneiden
vielmehr Wilhelm Pleydenwurf Dürers Lehrmeister gewesen seyn.

Im J. 1490 nach Ostern sandte ihn sein Vater auf Reisen, welche er durch Deutschland und
die Niederlande bis in den Venetianischen Frey-
staat machte. Im J. 1492 begab er sich ins
Elsaß und nach Colmar, wo er bey zwey Gold-
schmieden, Casper und Paul, wie auch bey Lu-
dewig, einem Maler, einige Zeit zubrachte. Von
da begab er sich nach Basel, wo er von einem
Goldschmied Georg, und den Gebrüdern Martini liebreich aufgenommen und sehr wohl gehalten
wurde, wie solches aus Christoph Scheurls Leben
Anton Kreſſens erhellet *).

Dürer blieb vier Jahre auf Reisen, und kam
endlich, auf Verlangen seines Vaters, im J. 1494
nach Pfingsten wieder nach Hause.

Dürer soll schon auf dieser erſten Reise mit
dem bekannten Lukas von Leyden, seinem nach-
maligen freundschaftlichen Wettelſerer, Bekannt-
schaft gemacht haben, welches aber ungegründet iſt,
weil dieser damals noch ein Knabe war. Die
nachherige innigſte Freundschaft zwischen beyden
Künſtlern wurde erſt auf seiner Reise nach den
Nieder-

*) S. Pirkheimeri Opp. p. 352: Peragrata Ger-
mania, quum anno nonageſimo ſecundo Col-
mariam veniſſet, a *Caſpare* et *Paulo* Aurifabris
et *Ludouico* pictore, item etiam Baſileae a *Geor-
gio* Aurifabro, *Martini* fratribus ſuſceptus ſit,
benigne atque humane tractatus: ceterum *Martini* diſcipulum minime fuiſſe, immo ne vidiſſe
quidem, attamen videre deſideraſſe vehementer.

Niederlanden in den J. 1520 und 1521 gestiftet, nachdem Dürer zuvor schon den Lukas von Leyden durch seine Arbeiten hatte kennen und schätzen gelernt, und dessen Kupferstiche allezeit der Gegenstand seiner Bewunderung und seines Lobes waren. Das Denkmal ihrer Freundschaft sind ihre Abbildungen, welche jeder Künstler von dem andern machte.

Drittes Kapitel.

Dürers Verheirathung und unglückliche Ehe.

Dürer war 23 Jahre alt, als er im J. 1494 von seinen Reisen wieder nach Hause kam. Noch in dem nämlichen Jahre, am Montage vor St. Margarethentage, verheirathete er sich mit Jungfer Agnes Freyin, einer Tochter des berühmten Mechanikers Hanns Frey, welcher zugleich auch ein guter Harfenist und Sänger zu Nürnberg war. Diese Heirath scheint keine Folge gegenseitiger Zuneigung gewesen zu seyn; denn Schöber in Dürers Leben S. 14 sagt von ihr: „Sie war mürrisch, zänkisch, geizig, herrschend, unverständig, und doch hochmüthig; und mit einem Wort: ein böses Weib." Allem Vermuthen nach wurde sie nur von den Vätern beyder Theile, ohne auf die Herzen ihrer Kinder Rücksicht zu nehmen, gestiftet; denn der gute Dürer sagt am angeführten Orte sehr naiv: „Als ich anheim kommen war, han-

B delt

delte Hanns Frey mit meinem Vater, und gab mir seine Tochter mit Namen Jungfrau *) Agnes, gab mir zu ihr 200 Fl. " Ach! du armer Dürer, wie viele traurige Stunden erhandelte dir dein Vater mit diesen zweyhundert Gulden!

Damit das schöne Geschlecht — wenn vielleicht einer von demselben diese Schrift von ungefähr in die Hände fallen sollte — nicht argwöhne, als ob mein Urtheil von dieser Frau Agnes zu unbillig wäre, so will ich ihre Zeitgenossen selbst reden lassen. Diese mögen ihre Aussage verantworten — ich wasche meine Hände.

Der bekannte Mathematiker, Georg Hartmann, giebt in einem Schreiben an Büchlern von Dürers frühzeitigem Tode dieß zur Ursache an, daß seine zanksüchtige und geizige Frau ihn, ob er gleich ohnehin ein fleißiger Mann war, und ein nach den damaligen Zeiten ansehnliches Vermögen erwarb, indem er ungefähr 6000 Gulden hinterließ, zu noch mehrerer Arbeit antrieb. Dadurch

---

*) Hier heißt es nicht, wie oben bey seiner Mutter, in seinem eigenhändigen Aufsatze: »eine hübsche gerade Jungfrau!« Er nennt sie schlechtweg Jungfrau — ohne alles Beywort. Wenn er nachher von dem Tode ihres Vaters und ihrer Mutter spricht, so nennt er jenen »seinen lieben Schweher« und diese »seine liebe Schwieger.« So billig denkend war unser guter Dürer! Er verkannte den Werth der Aeltern nicht, wenn er gleich an deren Tochter keinen Werth auffinden konnte.

durch habe sie eine so große Bekümmerniß in ihm
erweckt, daß er immer mehr an Kräften abnahm,
und zuletzt ausdorrte.

Joachim Camerar *) schreibt: „„Wenn
an Dürer irgend etwas wär, das einem Fehler
gleich sehen könnte, so war es blos sein unendlicher
Fleiß; dennoch spornte ihn seine, gewiß unbillige
Ehefrau immer zu Arbeiten an. — Er wurde
uns entrissen durch einen sanften Tod, der für ihn
zwar wünschenswürdig, aber für uns in der That,
nach meinem Urtheile, allzufrühzeitig war."

Von Albrecht Dürers Tod und dessen Ursache schrieb Wilib. Pirkheimer an Joh. Tscherte, K. Karls V. Bau- und Brückenmeister in
Wien, im Jahr 1528 also **):

„Ich hab warlich an Albrechten der pesten
freundt eynen, so ich auf erdtreych gehabt hab, ver-
loren,

B 2

*) »Erat siquid omnium in *Durero* quod vitio simi-
le videretur, unica infinita diligentia et in se
quoque *inquisitrix* (uxor) *parum aequa.* — Ere-
ptus est *Durerus* morte placida, illa quidem et
optabili, sed profecto, nostro iudicio, praema-
tura.« S. *Joach. Camerarii* Praef. Symmetriae
part. corp. hum. a *Durero* editae.

**) Dieser ganze Pirkheimerische Brief, wovon das
Bisherige den Anfang ausmacht, ist abgedruckt
in Hrn. v. Murrs Kunstjournal Th. X. S. 36. f.
Ein kleines Fragment davon steht in Hrn. Past.
Strobels Beyträgen zur Geschichte der Littera-
tur. S. 107.

loren, vnnd dauert mich nichts hoher, dann das er
so eynes hartseligen tobes verstorben ist, welchen
ich nach der verhengnus Gottes niemandt dann sey-
ner Haußfrauen zusachen kan, die im sein Herz eyn-
genagen, vnnd derinaß gepeyniget hat, das er sich
desto schneller von hinnen gemacht hat, dann er was
ausgedort wie eyn schaub, dorft nienbert (nir-
gends) keynen guten muet mer suchen, oder zu den
leuten geen, also het das pöß Weyb seyn sorg, das
ir doch warlich nit not gethan hat, zudem hat sy
ime tag vnnd nacht zu der arbeyt hertiglich gedrun-
gen, alleyn darumb, das er gelt verdienet vnnd ir
das ließ, so er starb, dann sy alweg verderben hät
wollen, wy sie dann noch thuet, vnangesehen, das
ir Albrecht bis in die sechs tausent Gulden wert gelassen hat. Aber da ist keyn genügen, vnnd in
summa ist sy alleyn seins todes eyn vrsach. Ich
hab sy selbs oft für ir argwenig streflich wesen ge-
peten vnnd sy gewarnet, auch ir vorgesagt, was
das end hievon seyn wurd, aber damit hab ich nichts
anderst dann vndank erlangt. Dann wer diesem
Man wolgewolt vnnd umb in gewest, dem ist sy
feynt worden, das warlich den Albrecht mit dem
hochsten bekumert vnnd ine vnder die erden pracht
hat. Ich hab ir seid seynes todes nie gesehen, sy
auch nit zu mir wollen lassen, wiewol ich ir dannoch
in vil sachen hilflich gewest bin, aber da ist keyn
vertraun. Wer ir widerpart halt, vnnd nit aller
sach recht gibt, der ist ir verdechtlich, dem wird sy
auch alspald feynt, darumb sy mir lieber weyt von
mir, dann umb mich ist. Es sind ja sy vnd ir

schwe-

schwester nit pubin, sonder, wie ich nit zweyfl, der eren from, vnnd ganz gotsfurchtig frauen, es solt aber eyner lieber eyn pubin, die sich sunst freundlich hielt, haben, dann solch nagent argwenig vnnd kisend from frauen, pey der er weder tag noch nacht rue oder frid haben kont, aber wie dem, wir müsen die sach Gott befelhen, der woll dem frommen Albrecht gnedig vnnd parmhertzig seyn, dann er hat wie eyn fromer piberman gelebt, so ist er auch ganz christenlich vnnd seliglich verstorben, darumb seynes Heyls nit zu fürchten ist. Got verleyh vns seyn gnad, das wir ime zu seiner Zeyt seliglichs nachfolgen. "

Die Anekdote, daß Dürer aus Ueberdruß seine Agnes verlassen, sich auf Reisen begeben habe, erst nach vielen Jahren wieder zurückgekommen sey, und bey seiner Zurückkunft seine Frau, vor dem Thore, bey dem St. Johanniskirchhofe, bettelnd angetroffen habe — ist schon längst ein — Mährchen.

Jedoch muß ich ihr zur Ehre eine gutscheinende Handlung von ihr anführen, diese nämlich, daß sie, weil ihre Ehe kinderlos war, ein Legat nach Wittenberg für Studirende gemacht hat *).

Sie

*) Melanchthon schreibt an V. Dietrich: „De *Durerianae viduae* legato ago gratias Deo, quod studia respicit. Praedicaui id κατορθωμα apud Lutherum et alios. S. Epp. Melanchth. L. IV. cura Io. Sauberti p. 78.

Sie überlebte ihren Mann und starb den 28ſten Dec. 1539.

Es iſt ein gegoſſenes Schauſtück auf dieſe Agnes zänkiſchen Andenkens vorhanden. Es iſt einſeitig und zeigt ihr Bruſtbild mit bloßem Kopfe und Halſe. Das Haupt iſt Rechts zurückgebogen, und das Geſicht ſieht unſchuldig und liebreich in die Höhe. Von den langen Haaren liegt eine nach-läßige locke auf der rechten Schulter. Im leeren Raume ſteht Rechts die Jahrzahl 1508, und links das büreriſche in einander geſetzte A. D. *)

Hr. Schaffer Panzer führt ihr Portrait an:

U. Agnes Alberti *Düreri* Conjux. Dürers Zeichen mit 1508. I. F. L. 8. Schw. K. — **)

Viertes Kapitel.
Dürers Reiſen nach Venedig 1506, und nach den Niederlanden 1520.

Dürer reiſete zu Ende des J. 1505 nach Venedig, wo er faſt das ganze Jahr 1506 zubrachte, und ſchrieb einige Briefe an den berühmten Willibald Pirkheimer, welche Hr. von Murr in ſeinem Kunſtjournale Th. X. S. 3 f. hat abdrucken laſſen.

*) S. Hrn. Prof. Wills Nürnb. Münzbeluſt. Th. I. S. 369.

**) S. Deſſen Verzeichniß Nürnbergiſcher Portraite, S. 44.

laſſen. Die Originale ſind in der vortreflichen
Bibliothek des Herrn Geheimen = Raths und Scholarchen, **Chriſtoph Joachim Haller von Haller-**
ſtein. Wir wollen daraus einiges anführen.

Er malte daſelbſt eine Tafel, welche die Marter des h. Bartholomäus vorſtellt, nach einem
Gemälde in der Beckerkapelle der St. Bartholo-
mäuskirche zu Venedig, im Seſtier von St.
Marco, nicht weit vom Frondaco de' Teda-
ſchi. Kaiſer Rudolf II. bekam ſie in ſeine Gallerie nach Prag. Dürer erhielt dafür hundert
und zehn Gulden rhnl. Es wurde gut eingeballt
durch ſtarke Männer zu Fuß, an Stangen, von
Venedig bis nach Prag getragen.

Ueber die daſigen Maler beſchwert er ſich in
verſchiedenen Briefen. In einem derſelben ſchreibt
er: „Wiſt daz mir by Moler faſt (ſehr) ab-
holt hy ſind. Sy haben mich 3 mol vir by He-
ren gnüt (genöthigt), vnnd muz 4 fl. In Jr Schull
geben. "

Er fing in Venedig ſogar an, tanzen zu lernen;
es wollte ihm aber nicht behagen. Er ſchreibt in
einem Briefe: „Item wiſt auch, daz ich hett
vürgenumen tanzen zw lernen, vnnd ging 2 moll
awff by ſchull, do muſt ich dem Meiſter 1 Duga-
ten geben, do kunt mich kein mer hinawf pringen,
ich wolt woll alles daz ferlert habn, daz ich gewu-
nen hett, vnnd hette deñoch awff by lezt nir künt. "

Von Venedig aus ritt er nach Bologna „vm
kunſt willen in heimlicher perspectiva dy mich einer
lernen will." Von der ausnehmend großen Ehre,

B 4 welche

welche die dasigen Maler unserm Künstler erwiesen haben, redet Christoph Scheurl, welcher sich damals zu Bologna befand, in seinem Commentario de vita et obitu *Ant. Kreß.* l. V. D. Norimb. 1515. 4.

Während seiner Anwesenheit in Venedig entstand eine Feuersbrunst, in der ihm ein wollenes Tuch verbrannt, wofür er erst Tags vorher 8 Dukaten gegeben hatte. Auch klagte er in einem seiner Briefe, daß ihm ein Schuldner mit 8 Dukaten entlaufen sey.

Nun will ich aus Dürers eigenhändigem Reisejournal, seine Reise nach den Niederlanden betreffend, einige Stellen anführen:

Am Pfingsttage nach St. Kilian 1520 trat er nebst seinem Weibe und seiner Magd, Susanna, seine Reise in die Niederlande an. Sie ging nach Erlang, Baiersdorf, Forchheim und Bamberg; wo ihn der Bischof zu Gaste lud, in der Herberge auslösete, und ihm drey Empfehlungsschreiben mitgab, dafür Dürer dem Bischof ein vortrefliches Bild, St. Anna mit Maria und dem Christuskinde vorstellend, verehrte. Dieses Original ist nicht mehr dort vorhanden, wohl aber eine Copie in der Schloßkapelle. Von Bamberg aus fuhr er nach Eltenau, Haßfurth, Theres, Schweinfurth, Volkach, Schwarzach, Frankfurt und Mainz. Von da gings nach Popart, Lohnstein, Engers, Andernach, Bonn, Cölln und Antorff. Hier wurde ihm große Ehre erwiesen, indem er selbst sagt:

„Am Sontag, was Sanct Oswaldttag, da
luden mich die Mahler auff ihr Stuben, mit meinem Weib und Magd, und hetten alle Ding mit
Silbergeschirr, und andern köstlichen Geziehr, und
über köstlich Essen. Es waren auch ihre Weiber
alle do, und do ich zu Tisch geführet ward, do stund
das Volck auf beeden Seiten, als führet man einen
großen Herrn. Es waren auch unter ihnen gar
trefflich Personen, von mannen, die sich all mit tief-
fen Maigen auf das allerdemüthigste gegen mir er-
zeigten, und sie sagten, sie wollten alles das thun,
als viel möglich, was sie wüsten, das mir lieb wäre, und als ich also sas, da kam der Herren von
Antorff Rathspoth mit zweyen Knechten, und schenket mir von der Herren von Antorff wegen 4 Kannen Wein, und lieffen mir sagen, Ich soll hiemit
von ihnen verehret seyn, und ihren guten Willen
haben. Des sagte ich Ihnen Unterthänigen Dank,
und erboth meine unterthänige Dienste. Darnach
kam Meister Peter der Stadt Zimmermann, und
schenket mir zwey Kannen Wein, mit erbietung seinen willigen Dienst. Also do wir lang frölich bey
einander waren, und spatt in die Nacht; da belai-
then sie uns mit Windlichtern gar ehrlich heim,
und baten mich Ich soll Ihren guten Willen haben,
und annehmen, und solt machen, was ich wolt,
darzu wollen sie mir Albehülflich seyn. Also dan-
ke ich Ihnen, und legt mich schlaffen.“

Am Sonntage nach Bartholomäi, den 2ten
September, fuhr er von Antorff nach Mecheln, wo
er übernachtete, und von da durch das Städtchen

B 5   Wils-

Wilswort nach Brüssel, wo er dem Marggrafen Hanns das Empfehlungsschreiben des Bischofs überreichte. Die Frau Margaretha, Karls V. Schwester, ließ ihn holen und sicherte ihm zu, daß sie ihn bey König Karl empfehlen wolle. Am Sonntage nach Egidi fuhr er wieder nach Mecheln, und von da nach Antorff zurück.

Am Donnerstage nach Michaelis reisete er nach Aachen, und sah daselbst am 23sten October die Krönung K. Karls V. Am Freytage vor Simon und Juda verließ er Aachen, und kam nach Löwen, und von da nach Kölln, wo er am Sonntage nach Allerheiligentage Kaiser Karls Fürstentanz (wovon er eine Zeichnung machte, die in Holz geschnitten ist,) und Banket sah. Am Montage nach Martini erhielt er von K. Karln die Bestätigung als kaiserlicher Hofmaler. Mittwochs darauf fuhr er auf dem Rheine von Kölln nach Neuß ꝛc. endlich nach Nimwegen und Herzogenbusch, wo ihm die Goldschmiede viele Ehre erwiesen. Am Donnerstage nach Mariä Himmelfahrt kam er, nach sieben Wochen, wieder zurück nach Antwerpen, wo er sein Weib und seine Magd gelassen hatte, und ritt am St. Barbara-Abend nach Berghem.

An unserer Frauen Abend reisete er nach Seeland und kam nach Mibbelburg. Zu Armyub, da er eben aussteigen wollte, zerriß das Seil, und ein starker Sturmwind trieb das Schiff hinter sich in die See. Endlich half man ihm wieder an das Land. Am Freytage nach Luciä kam er wieder nach Antwerpen zurück.

Im

Im J. 1521, an der Herren Faßnacht früh, luden ihn und seine Frau die Goldschmiede zu Gast, und thaten ihm große Ehre an.   Auf die Nacht lud ihn der alte Ammann von der Stadt, und bewirthete ihn köstlich; es waren viele seltsame Masken da.

Montag zu Nacht wurde er zum großen Banquet geladen, das bis zwey Uhr dauerte; es waren köstliche Masken da.   „Ich gewann,“ schreibt er, „zwey Gulden im Spiel von Bernhart von Castell, dessen Bildniß ich mit der Kohle zeichnete, und ihm verehrte.“   Am Samßtage vor Judica „gab ich meinem Beichtvater zehn Stüber.“

Am Samßtage nach Ostern fuhr er nach Brügge, wo ihn Jan Ploß, ein guter Maler, beherbergte, und ihn des Nachts prächtig tractirte, wozu er mehr Personen lud.   Eben so that des andern Tags Marx Goldschmidt.   Die Maler gaben ihm auch ein großes Banquet auf ihrer Stube zu Nacht, und beschenkten ihn.   Jakob und Peter Mostaert, die Rathsherren, schenkten ihm zwölf Kannen Wein, und die ganze Gesellschaft von 60 Personen begleitete ihn mit Windlichtern heim.

Von da kam er nach Gent.   Der Dechant von den Malern und die Vorderßten empfingen ihn herrlich, und aßen mit ihm zu Nacht.   Die Maler mit ihrem Dechant verließen ihn nicht, so lange er daselbst war, aßen zu Morgens und Abends mit ihm und bezahlten alles.

Von hier ging er wieder nach Antwerpen, wo ihn in der dritten Woche nach Oſtern ein Fieber befiel. Er ſagt: „Es ſtieß mich ein Friſtfieber an, mit einer großen Ohnmacht, Unluſt und Hauptwehe. Und do ich vormals in Seeland war, do überkam ich eine wunderliche Krankheit, von der ich nie keinen Mann gehört, und dieſe Krankheit hab ich noch. — Gab nach und nach dem Doctor in allem 3 Gulden, 20 Stüber dem Apotheker. "

Am Sonntage nach Himmelfahrt lud ihn Meiſter Dietrich, Glasmaler, zu Gaſte, und viele andere, z. E. Alexander Goldſchmidt, einen ſehr reichen Mann. Es war ein ſehr köſtliches Mahl.

„Meiſter Gerhard, Illuminiſt," ſchreibt Dürer hier, „hat ein Töchterlein bey 18 Jar alt, die haiſt Suſanna, die hatt ein Blättlein illuminirt, einen Saluator, dafür hab ich geben 1 fl. Iſt ein groß Wunder, daß ein Weibsbild alſo viel machen ſoll. "

Auch ſeine Frau wurde krank auf dieſer Reiſe. Er ſagt: „Meine Frau ward krank, der Apothekerin fürs Klyſtiren gegeben 14 Stüber; dem Mönch, der ſie beſuchte, 8 Stüber. "

Am achten Tage nach Fronleichnam fuhr er mit ſeiner Frau und Magd nach Mecheln zur Frau Margareth, ließ ihr ſeinen Kaiſer ſehen, und wollte ihr denſelbigen verehren; ſie nahm ihn aber durchaus nicht an. Am Freytage zeigte ſie ihm alle ihre ſchöne Sachen, darunter ſah er bey 40 kleine Täfelchen von Oelfarben, ſo ſchön, daß er

derglei-

dergleichen nie gesehen hat.   Er sah auch gute
Sachen von Johann Jakob Walch, der kurz
nach 1500 in Nürnberg starb.   Er bat die Frau
Margareth um Meister Jakobs (Cornelisse)
Büchlein; sie sagte aber, sie habe es ihrem Ma-
ler (Bernard van Orley) zugesagt.

Die Maler und Bildhauer luden ihn in seiner
Herberge zu Gaste, und thaten ihm große Ehre an
in ihrer Versammlung.

Hierauf begab er sich wieder am Samstag von
Mecheln nach Antorff.

Er portraitirte den König von Dännemark,
Christian II. zweymal.   Wir wollen hiervon Dürers eigene Worte anführen;

„An unser Frawen Heimsuchung, do ich gleich
weg von Antorff wollt, do schiket der König von
Dennemark zu mir, daß ich eylend zu ihm käm,
und ihn conterfeyet, das thet ich mit der Kohlen.
Und ich conterfeyt auch sein Diener Antony, und
ich must mit dem König essen, erzeuget sich gnädig-
lich gegen mich.

Am Tage nach unsrer Frawen Heimsuchung
nach Brüssel gefahren auf dem Schiffe des Königes von Dennemark, dem ich die besten Stüke
meines Kunstdruks verehrte.

Item hab gesehen, wie das Volck zu Antorff
sich sehr wundert hat, do sie den König von Dennemark sahen, daß er so ein mannlich schön Mann
war, und nur selb dritt durch seiner Feind land
kommen.   Ich hab auch gesehen, wie ihm der
Kaiser von Prüssel entgegen geritten, und ihn em-
pfangen,

pfangen, ehrlich mit großer Pompa. Darnach hab ich gesehen das ehrlich köstlich Panket, das ihm der Kaiser und Fraw Margareth gehalten hat am andern Tag.

Item am Sontag vor Margaretha hielt der König von Dennemark ein groß Panquett dem Kaiser, Frau Margaretten und Künigin von Spanien, und lud mich, und ich aß auch darauf. Ich hab 12 Stüber für des Königes Futtral gegeben, und ich hab den König von Oelfarben conterfett, der hat mir 30 fl. geschenkt."

Am Freytage Morgens fuhr Dürer endlich von Brüssel ab nach Aachen, und von da nach Altenburg, sechs Stunden lang, denn der Fuhrmann wußte den Weg nicht und fuhr irre. Er übernachtete also daselbst, und fuhr am Montag früh durch Jülich, eine Stadt, nach Perkau, und von da nach Kölln, u. s. w.

Zuletzt will ich noch das Klaglied beysetzen, welches Albrecht Dürer anstimmt:

"Ich machte viel Sachen den Leuten zu gefallen; aber das wenigste wurde mir bezahlt. — Ich hab in all' meinen Machen, Zehrungen, Verkaufen, und anderer Handlung Nachtheil gehabt im Niederland, in all mein Sachen, gegen grossen und niedern Ständen, und sonderlich hat mir Fraw Margareth für das ich ihr geschenkt und gemacht hab, nichts geben." Doch rühmt er die Freygebigkeit der nürnbergischen Krongesandten: "In Brüssel, Aachen und Kölln hatte ich freyes Quartier und Tafel bey den drey Nürnbergischen Herren

Kron-

Krongesandten, Leonhart Groland, Hanns Ebner, und Nikolaus Haller. "

Es erhellet aus dieser Erzählung, die aus Dürers eignem Reisejournal ausgezogen ist, daß er seine Frau mit sich genommen, und nicht in Nürnberg zurückgelassen habe, wie bisher alle, die Dürers Leben beschrieben haben, behauptet hatten. Wenn es ja richtig seyn soll, daß Dürer sich von seiner Frau aus Verdruß entfernt habe, und nach den Niederlanden gereiset sey, so muß es abermals etwa 1523 oder 1524 geschehen seyn.

Das eigenhändige Reisejournal Dürers, woraus obige Stellen genommen sind, befindet sich in Nürnberg auf der Ebnerischen Bibliothek. Hr. von Murr hat in sein Kunstjournal Th. VII. S. 55 f. einen Auszug daraus eingerückt.

Fünftes Kapitel.

Allgemeine Schilderung seines Kunstfleißes, seiner Kunstkenntnisse und Kunstfertigkeiten.

Wir wollen zeigen, daß Dürer als Erfinder zu betrachten ist, und daß er sich als Maler, als Zeichner, als Kupferstecher, als Formschneider, als Bildhauer ausgezeichnet hat.

Dürer war ein Mann von großem Genie, und zu allen Künsten aufgelegt.

Er ist als Erfinder zu betrachten, indem er der erste war, welcher die Regeln der Perspectiv

in

in Deutſchland nach den Regeln der Mathematik
lehrte; er entdeckte im J. 1512 die Kunſt, mit
Scheidewaſſer auf Eiſenplatten und Metall zu ätzen,
oder den harten Aetzgrund; er erfand das Mittel,
die Holzſchnitte mit zweyerley Farben zu drucken.
Weil er eine gründliche Kenntniß der Mathematik
beſaß, ſo brachte er vermittelſt derſelben am erſten
die Zeichen-und Malerkunſt in ein ordentliches
Syſtem. Ihm gehört auch die erſte Erfindung
der gläſernen Kopirſcheibe *).

Die erſte Schrift vom Feſtungsbau in Deutſchland hat unſer **Dürer** geliefert, und zwar 1521
(27): Er gab auch mit Hülfe der Geometrie
am erſten in Deutſchland eine Anweiſung, wie
man die Schreibkunſt und die Buchſtaben, vor-
nemlich die lateiniſchen Verſalien, nach Regeln
und nach der Proportion entwerfen müſſe; und da
er hierin einen italiäniſchen Minoriten, **Lukas
Paciolo**, zum Vorgänger gehabt, ſo war dieß
vermuthlich die Veranlaſſung, daß ihm, wiewohl
mit Unrecht, **Almeloveen** in das Regiſter der Pla-
giarien ſetzte.

In der Malerey brachte er es nach und nach
gleichfalls ſo weit, daß er Portraite, Hiſtorien u.
ſ. w. der Natur ganz gemäß, ſowohl mit Waſſer-
als Oelfarben, auf Holz, Tuch, Gemäuer, Per-
gament und Papier auf das richtigſte und herrlich-
ſte darſtellte. „Man bewundert,“ ſagt **Fueßli**
in

---

*) S. Götting. Anz. von gelehrten Sachen vom
J. 1786. St. V. S. 45.

in seinem Künstlerlexikon S. 167, der Ausgabe
vom J. 1763, an den Werken dieses vortreflichen Künstlers eine lebhafte und fruchtbare Einbildungskraft, ein erhabenes Genie, meisterhafte Pin-
selstriche, eine bewunderungswürdige Ausarbeitung
und eine korrekte Zeichnung, daher zu wünschen
wäre, daß er eine bessere Wahl in den Gegenstän-
den, welche ihm die Natur zeigte, getroffen hätte;
daß seine Ausdrücke edler, sein Geschmack in der
Zeichnung weniger steif, seine Manier etwas ange-
nehmer, und daß er endlich die Luftperspectiv in
Brechung der Farben besser beobachtet hätte. Seine Landschaften sind wegen ihrer angenehmen und
sonderbaren Lagen beliebt.“ Bullart, ein gelehrter und kunstverständiger Franzose, sagt: „Nur
durch sich selbst erwarb sich Dürer eine so große
Geschicklichkeit in allem demjenigen, was Zeichen-
stift, Grabstichel und Pinsel vortrefliches hervor-
bringen können: den Römern kam er nicht nur
gleich; er übertraf sie auch in manchen Stücken.“*)

Er war sehr glücklich im Porträtiren und traf
die Aehnlichkeit sehr genau. Das Auszeichnende in
seinen Stellungen, Kleidungen und Gewändern,
machten seine Kunst schätzbar und seine Arbeiten
sehr

*) Il a aquis de soi-même une connoissance de
tout ce, qui peut illustrer le craion, le burin,
et le pinceau, qui n'a pas seulement egalé les
Romains, mais même les a surpassé en aucunes
de ces choses. Isa. Bullart Academie des Sciences et des Arts. T. II. I. 6. p. 383.

C

sehr kennbar. Die schweren Gegenstände der Ma=
lerey, als Schein, Glanz, Feuer, Bliß, Hagel,
Nebel, Finsterniß und Licht, wurden von seiner
Meisterhand leicht hingeworfen. Die Leidenschaf=
ten, Liebe, Freude, Vergnügen, Geduld, Mitlei=
den, Andacht, Verwunderung, Entsetzen, Zorn,
Traurigkeit, Neid, Haß, wußte er mit ihren eigen=
thümlichen Zügen und Aeußerungen so meisterhaft
zu charakterisiren, daß jedes Kennerauge sogleich
den Gegenstand bestimmt erkennen kann.

In seinen jüngern Jahren liebte er die bunte
Malerey, da viele Gegenstände auf einer einzigen
Tafel vorgestellt werden; in reiferm Alter aber
verschmähete er diese Manier, und suchte mehr das
Einfache und Natürliche hervor. Melanchthon
schreibt davon: „Ich erinnere michs, daß der vor=
trefliche Maler, Albr. Dürer, zu sagen pflegte:
er habe in seiner Jugend die bunten und schäckichten
Gemälde geliebt, und als Bewunderer seiner Wer=
ke sich sehr gefreuet, als er diese Manier in einem
seiner Gemälde wahrgenommen hätte. Als er
aber älter geworden, habe er angefangen, die
Statue zu betrachten, und seine Blicke auf ihre
Schönheiten zu heften, welches ihn dann belehrt
hätte, daß die Simplicität die höchste Zierde der
Kunst sey: da er sie aber nicht ganz erreichen konn=
te, so sey er nicht mehr der Bewunderer seiner Wer=
ke, der er sonst gewesen, sondern seufze oft, wenn er
sie ansäh, und erinnere sich seiner Schwachheit." *)

Wie

*) S. Phil. Melanchth. Ep. 47. L. I. welche den
Epistolis Erasmi in der Londner Ausgabe beyge=

Wie sehr manche der Dürerischen Gemälde geschätzt worden sind, beweiset folgende Anekdote, welche Vincenz Steinmayr in der Vorrede seines zu Frankfurt 1622 von Holzschnitten herausgegebenen Werkes bekannt machte.

Nachdem nämlich Dürer im J. 1509 nach Frankfurt in das dasige Predigerkloster eine herrliche Tafel, welche die Himmelfahrt der h. Maria vorstellet, verfertigt hatte, so hatte dieses Kloster deswegen nicht allein von vielen Künstlern und andern Personen, sondern auch von großen Herren häufige Besuche bekommen. Manche von den letztern boten für diese Tafel eine große Summe Geldes; mancher von den Künstlern aber bot für eine Hand, mancher für einen Fuß, eine ansehnliche Summe. Blos wegen dieser Tafel reiseten Künstler aus Italien nach Frankfurt. Es ist daselbst nur noch die Copie davon vorhanden; das Original wurde einem Churfürsten von Bayern überlassen, bey dem es unglücklicherweise verbrannte.

Dürer war ein desto größerer Maler, je größer er als Zeichner fast über alle seine Zeitgenossen hervorragte.

Er konnte von freyer Hand, entweder mit der Feder oder dem Pinsel eine gerade Linie und einen Zirkel so accurat ziehen, welches andere nur mit Beyhülfe eines Lineals und Zirkels thun konnten. Als K. Maximilian I. etwas, das Dürer malen sollte,

fügt worden; ingleichen Hrn. Hofr. Meusels Miscell. Hefft III. S. 62.

sollte, mit einer Reißkohle entwarf, und diese dabey zum öftern brach, Dürer aber doch damit zu-
recht kommen konnte; so fragte der Kaiser den Dürer: „warum ihm dergleichen nicht begegne?“
Dürer antwortete lächelnd: „ich wünschte nicht,
daß Ew. Majestät so künstlich malen könnten, wie
ich.“ *)

Er erwarb sich im Zeichnen eine solche Fertig-
keit und zeigte eine solche Geschicklichkeit, daß er sogleich alles, was ihm einfiel, ohne etwas zu ver-
bessern, auf das Papier hinzeichnete, sogar auch,
daß er das, was er, ohne den geringsten Entwurf
mit der Kreide, malte, immer auf das richtigste
darstellte. Er mußte fast jeden Pinselstrich so ge-
schickt zu traktiren, daß er die feinsten Linien und
Haare damit hinwarf, welches ihm kein damaliger
Maler, selbst die berühmtesten in Italien nicht,
gleichthun konnten. Dürer besuchte einstmals
den Bellino, einen sehr bekannten und geschätzten
Maler zu Venedig. Dieser begehrte von Dürer
einen Pinsel, mit dem er die Haare, und zwar viele auf einmal, auf das subtilste machte, zum Ge-
schenke und anstatt eines Andenkens. Dürer
reichte ihm alle seine Pinsel, die er hatte, hin, und
sprach: „er dürfe nicht nur einen, sondern alle
nehmen, weil er mit einem jeden solches leisten
könne.“ Und wirklich bewerkstelligte er solches,
indem er einen willführlichen herausnahm. Bellino

*) S. Phil. Melanchthons Erzählung dieser Anek-
dote in *Iob. Manlii* Loc. Commun. p. 204.

sino verwunderte sich hierüber außerordentlich), und sagte: „er würde dieses wohl niemahl, wenn er es nicht selbst mit Augen gesehen hätte, geglaubt haben, weil kein Künstler in der Welt anzutreffen seyn würde, der das nämliche so herrlich bewerkstelligen könnte *).

Dabey nahm er die rechte Proportion in allen Figuren, welche die Seele in den Kunstwerken ist, auf das accurateste in Acht. Er war darin so geübt, daß, als ihm einst ein großer Maler die Größe eines Gliedes zu einem Crucifixe, das jener aus Holz geschnitzt hatte, dieser aber gemalt in seiner gehörigen Größe nach selbigem vorstellen wollte, angab, seine Arbeit mit dem Andern, als man beyde Stücke auf einander gelegt hatte, auf das genaueste übereinkam **).

Als er sich einst in einer Gesellschaft von Malern befand, beredeten sie sich, daß jeder eine Probe seiner Kunst ablegen sollte. Dürer zeichnete mit Kreide einen Kreis auf den Tisch und sagte: „man möchte den Zirkel anschlagen, ob dieser „Kreis auch rund wäre;" und siehe! es traf auf ein Haar zu.

---

*) S. *Ioach. Camerarii* Praef. ad Opus *Dureri* de Symmetria corp. hum. — *Freberi* Theatrum Viror. Eruditor. p. 1439. — D. *Io. Val. Andreae* Seleniana Augult. p. 310.

**) S. M. Dan. Schwenters III. Th. der Mathem. und Physic. Erquickst. S. 220.

Er konnte von freyer Hand sowohl eine gerade
Linie ziehen, als einen runden Kreis machen, so,
daß man in dessen Mitte das Centrum sehen konnte; welches beydes die Probe, jene mit dem Lineal,
dieser mit dem Zirkel, ausgehalten hat.   Der bekannte Jesuit Baldus machte auf diese Geschicklichkeit Dürers folgendes Distichon:

Circulus *Alberti* solo carbone notatus
   Annulus est digitis, Norica Virgo, tuis.

Seine Kupferstiche sind in großer Achtung.
Sie verdienen auch, sagt Füeßli, die Bewunderung der Kenner wegen der Feinheit des Grabsti-
chels, zumal da sie als die ersten Arbeiten einer
neuen Kunst anzusehen sind.

Die Italiäner eignen zwar die Erfindung des
Aetzens oder Radirens dem Parmeggiano zu, welcher erst 1 5 3 0 in Kupfer ätzte; aber Sandrart
vermuthet, daß Dürer schon vor dem J. 1 5 1 5
diese Kunst erfunden habe, und Hr. von Murr
glaubt, man habe von Dürern geätzte Blätter vom
J. 1 5 0 2; allein von diesem Jahre ist kein geätztes
Blatt von ihm vorhanden, wohl aber eines vom
Jeronimus von 1 5 1 2. Diese beweisen wenigstens,
daß das Kupferstechen mit Scheidewasser schon
zu Anfange des 1 6ten Jahrhunderts, also vor dem
Parmeggiano, erfunden sey.

Es ist sehr wahrscheinlich, daß Dürer auf sei-
nen Reisen, im J. 1 4 9 3 oder 1 4 9 4, Israel von
Mecheln kennen gelernt habe.   Seine Copie des
Israelischen Zauberblattes vom J. 1 4 9 7 giebt
                                                    man

man als sein erstes Blatt an; allein Hr. v. Murr
in seinem Kunstjournal II. Th. S. 240 hält das
Blatt für noch älter, welches Juda und Thamar
vorstellt, das man irrig auf Berthold Tucher und
Anna Pfinzingin deutet *).

Hr. H. S. Hüsgen in seinem Verzeichnisse
aller Kupfer= und Eisenstiche Albr. Dürers
(Frf. und Leipz. 1778. in 8.) beschreibt 100
Originalblätter, welche Dürer unwidersprechlich
selbst in Kupfer und Eisen gestochen hat. Sie be=
stehen aus zwey Blättern alten Testaments, aus
27 Bl. neuen Testaments, worunter 16 Bl. Paf=
sion, 16 Bl. Marienbilder, 5 Bl. Apostel, 12
Bl. Heilige, 6 Bl. Portraite, und aus 32 Bl.
Phantasiestücke.

Hr. von Murr führt in dem obenangezogenen
II. Th. seines Kunstjournals acht in Eisenplatten
geätzte Dürerische Blätter an.

Man sehe auch (Knorrs) historische Künst=
lerbelustigung oder Gespräche im Reiche der Tod=
ten zwischen Albr. Dürer und Raphael Urbino.
Erstes Stück. Nürnb. 1738. 4to. — Jngl.
(von Heinekens) neue Nachrichten von Künst=
lern und Kunstsachen, 1. Th. S. 287—299.

Dürers Holzschnitte sind nicht minder in ho=
her Achtung. „Man muß sich in Ansehung dersel=
ben,“ sagt der öfter angeführte Füeßli, „wun=
dern, daß dieser alte Meister so viel Ausdruck und
Haltung, auch so viel Charakter in den Köpfen hat
C 4 anbrin=

*) S. Knorr S. 48 N. 17. Hüsgen S. 2 N. 2.

anbringen können, und daß alles so gut ausgeführt
ist. Einige derselben sind im Hellbunkeln gearbei-
tet, und geben an Schönheit der Arbeit des Hugo
da Carpi nichts nach."

Dürer erlernte das Formschneiden entweder bey Wohlgemuth, oder vielmehr bey Wilhelm Pleydenwurf. Er trat 1490 seine Reise
durch Deutschland an, und lernte deutsche und nie-
derländische Formschneider kennen. Im J. 1492
kam er nach Colmar, zu Martin Schöns Brü-
dern, und im J. 1494 kam er wieder nach Hause.

Ob man gleich vom J. 1498 an bis zum J.
1509 keinen Holzschnitt mehr von ihm, mit einer
Jahrzahl bezeichnet, aufzuweisen hat; so ist doch
ganz zuverläßig, daß er während dieser Zeit zwar
mehr Kupferstiche, doch aber auch manche Holzschnitte verfertigt habe, blos mit seinem beygefüg-
ten Zeichen.

Im Jahr 1509 fing er an, häufiger, als zuvor, in Holz zu schneiden. Er fand, daß ihm,
als einem fertigen Zeichner, Holzschnitte fast eben
so geschwind von Statten gingen, als Kupferstiche,
wiewohl ihm manche Holzschnitte mehr Zeit kosten
mochten. Im Jahr 1522 schnitt er das Bildniß Farnbuhlers, Kanzlers des Kaisers Ferdinand des I. in Holz. Es ist dieses eines seiner
schönsten Blätter, wovon man auch Abdrücke mit
Farben hat.

Man zählt 262 Holzschnitte, die mit seinem
Namen bezeichnet sind. In des Hrn. v. Heineke
neuen Nachrichten von Künstlern und Kunstsachen
(Leipz.

(Leipz. 1786. 8.) steht Th. I. S. 161 f. ein Verzeichniß von Albrecht Dürers Holzschnitten. Wenn man aber die Menge seiner Gemälde und Kupferstiche in Erwägung zieht, so ist kaum zu vermuthen, daß er nur den vierten Theil dieser Holzschnitte selbst verfertigt habe. Er hat sie vielmehr theils auf die Holzstöcke gezeichnet, theils die besten Formschneider nach seinen Handrissen, deren viele in dem hiesigen von Praunischen Museum vorhanden sind, arbeiten lassen. Er bediente sich Hanns Burgmayrs, seines Schülers, den andere auch Birkmair nennen, Hanns Güldenmunds, Hieronymus Röschens, Wolfgang Reschens, und vieler andern unbekannten Formschneider. Unter diesen ist Hanns Schäufelein, welcher die Figuren zu dem Theuerdank verfertigte, der auch selbst zeichnete und malte, am bekanntesten.

Er bediente sich meist des Birnbaumholzes zu seinen Stöcken, deren noch viele in Deutschland, Frankreich, Holland und Italien existiren, aber meist wurmstichig sind, weil dieses Holz nicht so dauerhaft ist, als das von Buchs- und Sperwoder Arlesbaum (Sorbus).

Meister Sebald, Rädleinmacher bey dem Sonnenbade, und Hanns Frank in der Fröschau, richteten unserm Dürer seine Holzstöcke zu.

Hr. Unger der ältere, der künstlichste Formschneider neuerer Zeiten, zu Berlin, zweifelt *),

C 5   ob

*) S. Fünf in Holz geschnittene Figuren nach der Zeichnung J. W. Meil, wobey zugleich eine Un-

ob Dürer Holzschnitte verfertiget habe. Man geht hierin eben so sehr zu weit, als wenn man ihm alle Holzschnitte zueignen wollte, die nach seinen Hand-rissen gemacht worden sind, oder sein Zeichen füh-ren. Hr. v. Murr lieferte in seinem Kunstjour-nal Th. IX. S. 52 und 53 dießfalls einen ei-genhändigen Beweis.

In dem hiesigen v. Behaimischen Familien-archive nämlich ist noch die Dürerische Holzplatte, auf welche er das Behaimische Wappen für Hrn. Michael Behaim († 1511.) geschnitten hat. Sie ist 11 Zoll hoch und 7½ breit.

Hinter dem Stocke steht mit Albrecht Dü-rers Hand geschrieben:

„Lieber her Michell Beheim. Ich schick ewch „dis Wapen wider, bit lats also beleiben, es würt „ewchs so keiner verbesseren, dan Ich habs mit „Fleiß künstlich gemacht, dorum dys sehen vnd ver-„stend, dy werden ewch woll bescheid sagen, soll „man die lewie (Löwen) auf dem helm ober sich „werffen, so verdeken sy die pinden.“

Ew. Vndertan,

Albrecht Dürer.

Als Dürers Blätter nach Italien kamen, wur-ben sie begierig aufgekauft. Dürer war schon lan-ge daselbst bekannt, sowohl durch sein im J. 1498 nach

tersuchung der Frage: Ob Albrecht Dürer je-mals Bilder in Holz geschnitten? von Unger dem ältern, Formschneider. Berlin, 1779. gr. 4.

nach Florenz gesandtes Bildniß, als durch seine
Malereyen und Kupferstiche. Raphael schätzte
ihn sehr hoch, besonders aber die Florentiner, Giacomo da Puntormo, und Andrea del Sarto.

Der erstere brachte fast eine ganze Landschaft
aus einem Dürerischen Blatte in eines seiner Gemälde; ja er machte sich nicht nur die Erfindungen
unsers Künstlers zu Nutzen, sondern ahmte sogar
dessen bisweilen steife Manier nach, insonderheit in
seinen Gemälden des großen Karthäuserklosters,
drey Stunden von Florenz, welche er im J. 1523
verfertigte, und die Vasari in seinem Leben (To-
mo 4, p. 181 etc.) ausführlich beschrieben hat.
Er hatte nachher Mühe, seine vorige freye, und
blos der Natur getreue Manier wieder in seine Gemälde zu bringen.

Andrea del Sarto hingegen brachte zwar viele von Dürers Ideen in seine Stücke, aber er
stellte sie völlig nach seinem eignen Geschmacke dar.

Obgleich K. Maximilian unserm Dürer für
seine kleine Passion ein Privilegium ertheilt hatte;
so kopirte sie dennoch Marcantonio Raimondi,
ein Bologneser und Schüler des Raphaelo, in
der Zeichnung des Francesco Francia, daher er
De' Franci genannt wurde *). Dieses letztere
gab

*) Schöber in Dürers Leben S. 17 beschreibt die-
se zwar unerlaubte, aber doch künstliche Nachah-
mung des Marcantonio Raimondi, indem er
sagt: »Er brauchte hierzu den Vortheil, daß
er Dürers beliebte Holzschnitte und Kupferstiche,

gab zu dem Irrthume Gelegenheit, daß Felibien, und aus ihm das allgemeine historische Lexikon einen andern Marcantonio erschaffen, woburch sich auch Arend in seinem Gedächtniß der Ehren.Albr. Dürers §. 9 verführen ließ, dem es Schöber nachschrieb.

Es ist kaum zu begreifen, wie die Wälschen sich konnten hintergehen lassen, den gezwungenen und magern Nachstich des Marcantonio für die kräftigen Dürerischen Holzschnitte anzunehmen. Diese kamen doch noch nach Venedig, da beyde schon lange todt waren, und wurden mit einem italiänischen Texte 1612 bey Daniel Bisucco abgedruckt. Die Nachstiche des Marcantonio mit dem Dürerischen Zeichen haben sich überaus selten gemacht.

Dieser Kupferstecher, der sich damals in Venedig aufhielt, ließ es nicht dabey bewenden. Er hatte

durch Hülfe eines mit Baumöl getränkten Papiers aufs genaueste nachmachte, und solches hernach auf Kupfer brachte; weil er nun durch seine Geschicklichkeit alle Striche wohl in Obacht genommen, und sonderlich das gewöhnliche Zeichen des Dürers nicht vergessen, so war es ihm leicht, die Copien für Originalien auszugeben, und sich damit einen guten Verdienst zu verschaffen. Gewiß ist es, daß nunmehr ein großer Kenner erfordert wird, wenn er richtig unterscheiden will, welche unter dergleichen Stücken von Dürers Arbeit oder für Copien zu schätzen sind.«

hatte die Frechheit sogar, auch Dürers Leben der
heil. Maria nachzustechen, und zwar nur 20 Blätter. Denn die drey Könige, die in diesem Werke
zweymal sind, kopirte Marcantonio nur einmal.

Es ist bekannt, daß Dürer selbst wegen dieser
Nachstiche nach Venedig ging, und den Marcantonio bey der Republik belangte. Allein, alles,
was er erhielt, bestund darin, daß sich derselbe des Dürerischen Zeichens enthalten sollte. *)
Andere aber zweifeln sehr an Dürers spätern zweyten Reise, wegen des Marcantonio. Seine
Reise nach Rom ist ohnehin ein bloßes Mährchen.

Selbst nach Nürnberg, und zwar noch zu Dürers Lebzeiten, wurden jene Nachstiche zum Ver-
kauf gebracht. Vermuthlich hat Dürer auch in
Nürnberg darüber Klage geführt, denn es erging
von dem dasigen Magistrate folgender Befehl, der
in dem Rathsbuche von 1508 — 1512 Fol. 260,
verzeichnet stehet, und der in seiner Art als das erste Verbot des Nachdrucks, wenigstens des Nach-
stichs, angesehen werden kann. Er ist in des Hrn.
Prof. Waldau's Beyträgen 1 B. Heft I. No. VI.
S. 67 f. abgedruckt und lautet also:

Anno 1508.

„Item einem fremden Mann so undter dem
„Rathhauß Kunstprief feyl hat, vnnd vndter den-
„selben etliche, so Albrecht Dürers Handtzaichen
„haben, die Ime betrüglich nachgedrukt seyndt,
Soll

*) S. *Vasari* Vite de' Pittori. P. III. Vol. I. p.
302.

„Soll man in Pflicht nehmen, dieselben Zaichen
„alle abzuthun, vnnd deren kains hir fayl zu ha-
„ben. Oder wo er sich des widern würd, Soll
„man Ime dieselben Brief alle als ain Falsch auff-
„heben, vnnd ains Raths hanndten nemen. Actum
„Sabaths post Circumcisionis Dominy, 1508."

Dürer verfertigte sowohl große als kleine ganz
und halb erhabene Bilder aus Holz und Stein,
wie man es verlangte, meisterhaft. Er schnitt
z. E. das Brustbild Hrn. Friedrich Behaims,
Michael Behaims Sohns, (geb. 1491.), welcher als Kriegsrath im J. 1533 starb, vortreflich in Stein. Die Schrift ist: FRIDERICH.
PEHAIM. ALT. XXXV. JAR. Hinten
steht die Jahrzahl 1526. mit dem in einander gesetzten Dürerischen Zeichen A. D. — *)

Viele, unter andern Doppelmair S. 187
zählen unsern Dürer auch unter die Eisenschnei-
der; aber ohne Grund. Denn die Dürerischen
Schaustücke sind nicht von einem geschnittenen Eisen geprägt, sondern er bossirte sie entweder, oder
schnitt sie in Speckstein. Es sind nur nach seiner
Bossirung der Bilder abgeformte und gegossene
Goldschmiedsarbeiten, wie alle sogenannte Con-
trafait-Münzen selbiger Zeit, indem es unmöglich
war, daß ein so tief in Stahl geschnittenes Bild
durch den Hammerschlag hätte so erhaben geprägt
werden können. Man wußte damals noch nichts
von

*) Hrn. von Murrs Kunstjournal Th. IX. S. 53.

von einem Druckwerke, durch deſſen ſtarken Roſt
die auf Medaillen hervorragenden Bilder zum Vor-
ſchein gebracht werden.

Die Düreriſchen Schauſtücke findet man beſchrieben in Borchmanns Numophylacio P. IV.
c. 22. n. 10. p. 432; — in Chriſti. Junkers
güldenem und ſilbernen Ehrengedächtniß D. M. Luthers A. 1706. §. 26. S. 96, und im Anhang
S. 532; — in Köhlers Münzbeluſt. Th. XX.
St. 7. J. 1748. S. 49 f.

Daß Dürer ein Kenner der Architektur war,
beweiſen ſeine Schriften, beſonders ſein Werk von
der Befeſtigung der Städte und Schlöſſer, wovon
das folgende Kapitel handeln ſoll.

Man ſehe nach: P. J. Marpergers Hiſto-
rie und Leben der berühmteſten Europäiſchen Bau-
meiſter — durch Mr. Felibien angefangen. Hamburg 1711. in Duod. und (Scheibel) in ſeiner
Einleitung zur mathematiſchen Bücherkennt-
niß, beſonders im zehenten Stücke.

Unſer Dürer ſcheint auch eine Stelle unter
den ältern nürnbergiſchen Druckern zu verdienen,
da zu Ende des Textes, der ſich bey den vortreflichen von ihm verfertigten Holzſchnitten befindet,
zur Offenb. Johanniis die Anzeige ſtehet: Gedrukt
zu Nürnbergk durch Albrecht Dürer Maler ꝛc.
Allein er hat ſchwerlich eine eigne Druckerey gehabt, und jene Anzeige wird nur ſo verſtanden werden müſſen, daß dieſes Werk auf ſeine Rechnung

nung oder als ein Verlag für ihn gedruckt worden sey. *)

Sechstes Kapitel.

Von Dürers Schriften, deren verschiedenen Ausgaben und Ueberſetzungen.

Dürer gehört auch zu den Schriftstellern, wie
das folgende Verzeichniß beweiſet; doch iſt bekannt, daß ihm der berühmte und gelehrte Wilib.
Pirkheimer zu ſeinen ſchriftſtelleriſchen Arbeiten,
hülfreichen Beyſtand geleiſtet habe.   Dürers
Handſchrift iſt geſtochen zu finden in des Herrn
von Murr Journal Th. XVII. S. 287 f.

Hier iſt das Verzeichniß Düreriſcher Schriften:

1. „Unterweiſung der Meſſung mit dem Zirkel
   „und Richtſcheyt in linien, Ebnen und ganzen
   „Corporen, durch Albrecht Dürer zuſammen-
   „gezogen, und zu Nuß aller Kunſtliebhabenden
   „mit zugehörigen Figuren in Truk gebracht, im
   „Jar 1525. in Folio, ein Alphabeth und 20½
   „Bogen. (Die Dedication iſt an ſeinen Gön-
   „ner und Freund, Wilib. Pirkheimer, ge-
   „richtet.)“

Dieſes

*) S. Hrn. Schaffer Panzers älteſte Buchdrucker-
  geſchichte Nürnbergs. (Nürnb. 1789. gr. 4to.)
  Vorbericht.

Dieses Werk wurde durch Joach. Camerar in das lateinische überseßt, und ist zu Paris 1532 in Fol. gedrukt worden.

Im J. 1603 erschien zu Arnheim ein Nach=druck des deutschen Exemplars.

Dürer brachte in diesem Werke verschiedene Verbesserungen an, und wollte eine zweyte Auflage veranstalten, aber der Tod übereilte ihn über die=ser Arbeit. Doch erschien bey Hieronym. Form=schneider, im J. 1538, durch Hülfe seiner Freun=de, eine zweyte Auflage, deren Vermehrung in 2½ Bogen und einigen Figuren bestund.

Bey Christian Wechel zu Paris erschien im J. 1535 ein Nachdruck der lateinischen Uebersez=zung unter folgendem Titel:

„Albertus Durerus, Norimbergensis, pictor huius aetatis celeberrimus, versus e germanica lingua in latinam, pictoribus, fabris, aerariis ac lignariis, lapicidis, statuariis et vniuersis demum, qui circino, gnomone, libella aut alioqui certa mensura, opera sua examinant, prope necessa=riis etc. in Folio." Schöber, in Dürers Leben S. 49, bestimmte nicht, ob der Druck in Paris oder zu Frankfurt am Mayn veranstaltet worden sey. Daß aber die zweyte Ausgabe dieser Ueber=seßung eher zu Paris als zu Frankfurt von Wechel sey besorgt worden, möchte deswegen schon wahr=scheinlich seyn, weil eben dieser Buchdrucker das folgende Buch Dürers in eben diesem Jahre zu Paris lieferte. Im Originale, sagt er, sollen die

D Figuren

Figuren viel schöner, als in der Ueberſetzung ſeyn. Im deutſchen Exemplar findet man 63, hier aber nur 60 Figuren.

Der berühmte Erasmus von Rotterdam urtheilt von dieſem Düreriſchen Werke: „Iſt gleich dieſes Buch deutſch geſchrieben, ſo iſt es dennoch gründlich gelehrt.“ *)

Es iſt in vier Bücher abgetheilt, davon das erſte von den Linien handelt; das zweyte von den Flächen; das dritte von den Körpern, wo er ſich ſogar bemühte, die großen lateiniſchen ſogenannten Fractur-Buchſtaben durch mathematiſche Berechnung und Austheilung mit Hülfe der Vierecke in eine richtige und ſchöne Form zu bringen. Das vierte von Ausmeſſung der Körper, wobey ſeine faßliche Erklärungen überall durch beygefügte Bildniſſe anſchaulich gemacht werden.

2. „Etliche onderricht, zu befeſtigung der Stett, „Schloß, vnd Flecken.“

Dieſes ſeltene Buch, im Monat October 1527 zu Nürnberg gedruckt, hat 26 Folioblätter, mit 19 Holzſchnitten, welche zuverläßig von Dürern ſelbſt verfertigt ſind. Die Schrift auf denſelben iſt ſo ſchön geſchnitten, daß ſie gewöhnlich gedruckt zu ſeyn ſcheint. Das Werk iſt ganz an König Ferdi-

---

*) Liber germanice quidem, ſed eruditiſſime ſcriptus, in quo priſcos huius artis heroas imitatus multa praeclare tradidit de myſteriis graphicis. *Erasm. Rot.* in Dialogo de reſta lat. et graec. ſermonis pronunciatione.

Ferdinand gerichtet, den Dürer auch wieder bey
dem Schlusse anredet. Den Aufsatz dieser Zu-
eignungsschrift, welche Schöber in Dürers Leben
S. 50 und 51 wieder hat abdrucken lassen, hat
Wilib. Pirkheimer gemacht; das eigenhändige
Original davon befindet sich in der Bibliothek des
Hrn. geh. Raths und Scholarchen, Christoph
Joachim Haller von Hallerstein.

Sodann folgen auf einem besondern Blatte
die Irthumb durch die setzer vbersehen. Man
hält dafür, daß dieses Buch das erste ist, wo die
Druckfehler besonders angezeigt sind.

Auf dem Titelblatte ist das gekrönte kaiserliche
Wappen sehr schön in Holz geschnitten. Es hat
vier Abtheilungen und ein Mittelschild, ringsherum
gehet das goldne Vließ. Schöber setzet dieses
Wappen, im Leben Albr. Dürers S. 82, irrig
unter die Kupferstiche und in das J. 1504.

Dieses Werk ist in das lateinische übersetzt, zu
Paris 1535 gedruckt, und mit einigen Figuren
vermehrt worden. Der Titel lautet also:

„Alberti Dureri, pictoris et architecti prae-
stantissimi, de urbibus, arcibus, castellisque con-
dendis ac muniendis rationes aliquot, praesenti
bellorum necessitati accommodatissime, nunc re-
cens e germanica in latinam traductae, cum prae-
fatione Christiani Wechelii ad Guilielmum Lan-
gaeum.“ Parisiis 1335. in Folio.

Dieses Buch enthält vier Abtheilungen; die
erste handelt von Anlegung der Wälle und Grä-

ben; die zweyte vom Schloßbau; die dritte vom
Festungsbau nach der damaligen Befestigungsart;
die vierte von der alten Art Festungen zu bauen.
Vorzügliche Zierden dieses Werkes sind zwölf Holzschnitte von Dürers Hand, welche theils orthogra-
phische, theils ichnographische, theils perspektivische
Profile sind.

Der obenangeführte Hr. Bullart wünscht, daß
dieses Werk in den Händen jedes Fürsten und Feld-
herrn seyn möchte *).

3. „Hierinnen sind begriffen vier Bücher von
„menschlicher Proportion durch Albrecht Dü-
„rer von Nürnberg erfunden und beschrieben,
„zu Nuz allen denen, so zu dieser Kunst lieb
„tragen." Nürnb. bey Jeron. Formschneider.
1528. Fol.

Dieses Werk ist das vorzüglichste unter Dürers Schriften; es besteht in vier Theilen, und ist
seinem Gönner und Freunde, Wilib. Pirkheimer,
zugeeignet. Das erste Buch hat er selbst noch bey
seinem Leben im J. 1528 durchgesehen, verbessert
und zum Drucke befördert; die übrigen drey Bücher,
welche er im Manuscripte fertig hinterlassen hatte,
ließ seine Wittwe dazu drucken. Das ganze Werk
besteht aus zwey Alphabeten und 19 Bogen, und
kam

*) Son livre de la milice est digne de curiosité
des Princes et de Généraux d'armée. Bullars
Academie des Sciences et des Arts. T. II. L. 6.
P. 384.

kam nach seinem Tode im Jahr 1528 im Monat October zum Vorschein.

Dürer verbreitete darin ein ganz neues Licht über die Behandlung der Kunst, und lehrte, Ge= mälde aus Grundsätzen der Natur zu entwickeln und nach der Perspektive zu bilden.

Joachim Camerar hat im J. 1532 die er= sten zwey Bücher in die lateinische Sprache über= setzt, und unter folgendem Titel zu Nürnberg heraus= gegeben:

„Alb. Dureri, clarissimi Pictoris et Geome= trae, de Symmetria partium in rectis formis hu= manorum corporum L. II. in latinum conuersi. c. fgg. in Folio. "

Die zwey letztern Bücher erschienen im Jahr 1534 unter dem Titel:

„Alberti Dureri de varietate figurarum et fle= xuris partium ac gestibus imaginum L. II. in la= tinum conuersi. c. fgg. Norimb. Ieron. Form= schneider. in Folio. "

Christian Wechel legte dieß ganze Werk zu Paris 1537, und abermals im J. 1557 wieder auf. Bey der letztern Auflage kam noch ein fünf= tes Buch hinzu, worin von der Verschiedenheit des männlichen Geschlechts und von den Leidenschaften beyder Geschlechter gehandelt wird.

In französischer Sprache erschien dieß Werk im J. 1614 zu Arnheim; in der holländischen ebendaselbst, und zwar im J. 1622; in die ita= liänische Sprache wurde es schon im J. 1591 von Giovanni Paulo Gallucci, dem gelehrten Aſtronomen, überſetzt, und bey Dominico Nicolini zu Venedig gedruckt. Im J. 1594 iſt dieſes italiäniſche Werk auch mit dem fünften Theile vermehrt herausgegeben worden.

4. Im J. 1603 hat endlich Johann Janſen zu Arnheim alle Schriften unſers Dürers zuſammendrucken laſſen, und unter folgendem Titel bekannt gemacht:

„Alberti Dureri opera, das iſt: alle Bücher des „weitberühmten und kunſtreichen Mathematici „und Malers, Albrecht Dürers von Nürnberg, „ſoviel deren von ihm ſelbſt, in annis 1525 „und 1528 kurz vor und gleich nach ſeinem To„de in Druck gegeben. Arnheim, bey Johann „Janſen 1603. Fol.“

5. Dürer ſchrieb ein Buch von der Stellung und mancherley Veränderung der Pferde, welches aber den Druck nicht erblickte, weil es ein Freund von ihm entlehnt, aber wieder zu geben — vergeſſen hat. Dieſen Verluſt erſetzte einigermaßen folgende Schrift eines ſeiner Schüler, welche in dem Sterbejahre Dürers unter dem Titel herauskam:

„Dieſes Buchlein zeyget an vnd lernet ein maß „oder proporcion der Roſs, nuzlich jungen ge„ſellen, malern vnd goltſchmiede Sebaldus Be„ham Pictor noricus faciebat, ISP.

Am Ende ſteht: „Gedrukt zu nurnberg, jm „1528 jar.“ in 4. 4¾ Bogen.

E

Es sind aber nur dreyerley Stellungen der Pferde, vom ersten Entwurfe bis zur völligen Ausarbeitung, in seinen Holzschnitten abgebildet.

6. Die große Paſſion erſchien im J. 1510 und beſteht mit dem Titel aus 13 halben Bogen.

Von dieſer großen Paſſion Dürers glaubt Vaſari (Vite de' Pittori etc, Firenze, 1772. T. 4. p. 268,) nicht ohne Grund, daß er nur vier Stücke ſelbſt geſchnitten habe, nämlich das Abendmahl, die Gefangennehmung im Garten, wie er die Gefangenen aus der Hölle erlöſet, und die Auferſtehung. Die acht übrigen wurden zwar nicht nach Dürers Tod, wie Vaſari vermuthete, ſondern nur von andern Formſchneidern verfertigt.

7. Paſſio Ieſu Chriſti. Nor. 1511. 8.

Dieß wird die kleine Paſſion Dürers genannt, und beſteht mit Inbegrif des Titels aus 37 Stücken. Von dieſer Paſſion hat Dürer die meiſten, wo nicht alle, Platten geſchnitten. Es war ſein lieblingswerk. Kaiſer Maximilian ließ ihm darüber einen Freyheitsbrief ausfertigen.

In dem hieſigen v. Prauniſchen Muſenm iſt unter den Gemälden, Num. 90. Dürers Skizze zu dem mit Dornen gekrönten Chriſtus auf dem Titelblatte, und unter Dürers Zeichnungen ein Studium mit rother Kreide zu dem Blatte, wo der Heiland zu den Hohenprieſtern gebracht wird.

Die kleine Düreriſche Paſſion ſoll auch zu Antwerpen 1603 in 4to. herausgekommen ſeyn. Gewiß

D 4

wiß ist es wenigstens, daß die kleine Dürerische Passion zweymal in Kupferstichen kopirt ist, ohne die von M. Anton. Einmal gleichseitig und gleiche Größe; das andere mal von der Gegenseite und in kleinerem Formiat. Beyde Copien sind von unbekannten niederländischen Meistern, aber gut gestochen.

8. Die Offenbahrung Johannis. 15 Blätter mit dem Titel. Nürnb, 1511,

Diese 15 Blätter sind eigentlich im J. 1498 in gr. Folio, ohne den Text, der erst bey der andern Ausgabe vom J. 1511 dazu kam, gedruckt, Der Titel: „die heimlich Offenbahrung Johannis“ ist in Holz geschnitten. Rödder vermuthete irrig, daß die Vorrede auch in Holz geschnitten sey. Auf der Rückseite dieser Blätter ist der Text der Offenbahrung aus Anton Kobergers deutscher Bibel vom J. 1483 zu lesen. Zu Ende des Textes stehet:

„Ein Ende hat das Buch der heimlichen Offenbarung sant Johanfen des zwölf boten vnnd evangelisten. Gedruft zu Nürnbergk durch Albrecht Dürer maler nach Christi geburt. M, CCCC vnnd darnach im rcviij Jar.“ Ein Exemplar von dieser Ausgabe befindet sich in der hiesigen v. Scheuerlschen Familienbibliothek.

Hieronymus Graff, ein Briefmaler aus Frankfurt am Mayn, ließ sie im Jahr 1502 in Strasburg auf das accurateste kopiren.

Die zweyte, oder, wenn man diese dazu rechnet, die dritte Ausgabe, hat den Titel:

„Apoca-

„Apocalypfis cum Figuris.“ Hinten steht:
„Impreſſa denuo Nurnberge per Albertum Durer,
pictorem Anno MDXI.“ Die meisten Stücke davon sind jetzt zu Paris.

9. Das Leben der Maria; 21 Blätter mit dem
Titel. 1511.

Von diesem Leben der h. Maria hat Dürer
alle Platten selbst geschnitten. Insonderheit ist die
Himmelfahrt der h. Jungfrau ein vortrefliches
Stück, sowohl in Ansehung der Figuren, als des
Holzschnittes selbst, worüber er, wie Papillon
vermuthet, wenigstens ein paar Monate zubrachte.
Es ist ein Meisterstück in Kreuzschnitten und
Schraffirungen, zumal so häufig, herzhaft und
so rein.

10. Figurae asterismorum in zweyen Hemisphae-
riis disponirt und in Holzschnitten dargestellt
1515.

Joh. Heumans Documenta litteraria enthalten S. 278 f. zwey Briefe des Tscherte oder
Tzerte an Wil. Pirkheimer vom J. 1525 und
1526, in denen von Albr. Dürers Hemisphae-
riis oder Globis coelestibus Meldung geschieht.
In der diesen Documentis vorgesetzten Commenta-
tione isagogica p. 104 steht eine Stelle aus einem
deutschen Briefe vom J. 1524.

Siebentes Kapitel.

Von seinem unermüdeten Fleiße, seinen Schülern, und seinem moralischen und religiö-
sen Charakter.

Sein Fleiß und seine Geschwindigkeit im Arbeiten beweiset die große Anzahl von Holzschnitten,
Kupferstichen, Zeichnungen, Gemälden, poussir-
ten Sachen und Bildhauerarbeiten, (welche die sel-
tensten seiner Arbeiten sind), die er in einem kurzen Alter von 57 Jahren verfertigt hat. Ueberdieses war er auch noch Schriftsteller.

Seine Kupferstiche belaufen sich ungefähr auf
104 Stücke; viere davon stach er in Zinn, und
sechse sind geäßt. Ueberdieses sind 262 Holzschnitte bekannt, die mit seinem Namen bezeichnet
sind. Einige andere wurden von verschiedenen
Meistern in Kupfer gebracht. Die Copien nach
seinen Kupferstichen, Zeichnungen und Gemälden
bestehen in mehr als 200 Stücken *).

Das complette Dürerische Werk, sowohl Ori-
ginale als Copien, mit denen, welche nach seinen
Gemälden gestochen wurden, beläuft sich auf 1254
Blätter.

Er hat mehrere Künstler nachgezogen und verschiedene Schüler gebildet. Folgende Männer sind
als solche bekannt:

1. Ausländer: Adam Altdorfer, von Re-
gensburg; Heinrich Altegraf, aus Soest in West-
phalen;

*) S. Christ S. 80 und 395.

phalen; Hanns Birckenmayr, von Augspurg; Matthäus Grünewald, von Aschaffenburg; Hanns von Kalenbach oder Kulmbach; Johann Schorel, aus Holland, des Pabsts Hadrian VI. Maler und Architekt; Hanns Schäufelein, von Nördlingen.

2. Nürnberger: Jakob Binck; Sebald Beham, Böhm, Böheim; Georg Pentz.

Dürer entweihete die Kunst und seine Talente nicht durch unzüchtige Bilder; seine Arbeiten sind Ausdrücke seiner keuschen, reinen Seele. Gabriel Palaeotus in seiner Abhandlung de imaginibus facris et profanis. Ingolst. 1594. gr. 4. S. 45. schreibt:

„De Alberto Durero pictore et Geometra Teutonico, non obscurum in illius vita testimonium habemus, vt dubitare nemo possit, quam diligens in pictura fuerit, vt sanctitatis et honesti cultor; cum scriptum sit: Fuisse illum sanctimoniae et pudoris diligentissimum custodem et nullam spurcitiem, nullum dedecus in ipsius operibus extitisse, refugientibus scilicet talia omnia castissimis animi cogitationibus.“

Dürer war ein großer Freund Luthers und seiner Lehre, und war sehr gerührt bey der Nachricht von dessen Gefangennehmung, wie es aus seinem eigenhändigen Reisejournal erhellet, das Hr. von Murr in seinem Kunstjournal hat abdrucken lassen.

Aber

Aber mit dem Lebenswandel mancher Evange-
lischen war er sehr unzufrieden, daß es zuletzt schien,
als wäre er der Lehre Luthers nicht mehr hold, da
diese doch darin unschuldig war. Denn viele miß-
brauchten die evangelische Freyheit zum Deckman-
tel ihrer Bosheit und ihres lasterhaften Herzens.
Von den geänderten Gesinnungen Dürers schrieb
Wilib. Pirkheimer nach dessen Absterben an den
Johann Tscherte im J. 1528:

„Ich bekenn das ich anfenglich auch gut Lu-
therisch gewesen bin, wie auch unser Albrecht seli-
ger. Dann wir hofften die Romisch buberei, deß-
gleichen der Münch und Pfaffen schalkheyt solt ge-
peffert werden, aber so man zusicht, hat sich die
sach also geergert (verschlimmert), das die Evan-
gelischen puben yene puben fromm machen.“ *)

Dürer und sein Freund, Wilib. Pirkheimer,
stritten oft sehr lebhaft wegen der Lehre vom heil.
Abendmahl **), besonders als Melanchthon
1526 zum drittenmal in Nürnberg war, und das
Gymnasium bey St. Egydien am 23sten May ein-
geweihet wurde. Melanchthon besuchte auch
Wilib. Pirkheimer, wo mehrentheils unser Künst-
ler mit zugegen war. Caspar Peucer in seinem
Tract. hist. de Phil. Melauchthonis sententia de
Con-

---

*) S. v. Murrs Kunstjournal Th. X. S. 40. 41.

**) Ob Dürer in geheim mehr die Parthey des
Zwingels als des Luthers verfochten habe, mag
man aus D. Feltners Schwobach. Artikeln. S.
33. beurtheilen.

Controuersia Coenae Domini. Ambergae 1596.
4. pag. 11. sagt: '

„Cum hoc Birckeimero cum saepe et mul-
tum esset Melanchthon eo tempore, quo Nori-
berg. de Ecclesiis et scholis consuluit, et ad eadem conuiuia adhiberetur *Albertus Durerus*, pictor, vir sapiens, in quo Melanchthon narrabat,
pictoriam artem, quae fuit excellentissima, mi-
nimam fuisse, saepe inciderunt inter *Birkeimerum*
et Durerum de illo recenti certamine disputatio-
nes, in quibus cum *Durerus*, ut ualuit ingenio
plurimum, acriter aduersaretur Birkeimero, et
quae proferebat ille, refutaret, tanquam ad cer-
tamen paratus accessisset; incanduit Birkeimerus,
fuit enim iracundus admodum, ac propterea sae-
uissimae arthritidi obnoxius, saepeque erupit in
has uoces: *Non*, inquiens, *pingi ista possunt.
At ista,* inquit Durerus, *quae tu adfers, nec dici
quidem, nec animo concipi possunt.*“

Doch ist nicht zu läugnen, daß der Aberglau-
be, welcher damals die meisten Menschenköpfe be-
herrschte, auch unsers Dürers Verstand umnebelt
und verdüstert habe. Einen hinlänglichen Beweis
davon liefert Dürers eigenhändiger Aufsatz, welcher in der zweyten Beylage am Ende geliefert
werden soll.

Achtes Kapitel.

Einige Anekdoten, Dürern betreffend.

Ich will hier auch einige Anekdoten, welche Dürern betreffen, anführen, ohne jedoch für deren
Aechtheit Bürgschaft zu leisten. Ich erzähle sie,
wie ich sie — fand.

Zu Bononien machten die Maler unserm
Dürer, bey seiner Anwesenheit, das übertriebene
Compliment, daß sie nun lieber sterben wollten,
weil sie diesen großen Mann endlich zu sehen das
Glück hätten, welches schon lange ihr sehnlichster
Wunsch gewesen wäre. Dr. Chph. Scheurl in
seinem Leben Anton Kressens sagt von Dürer:

„Anton. Kressius in magno pretio habuit *Alber-*
tum Durer Nurembergen. quem ego Germanum
Apellem per excellentiam appellare soleo. Testes
mihi sunt, ut reliquos taceam, Bononienses pictores, qui illi in faciem, *me audiente*, *publice*,
principatum picturae in vniverso orbe detulerunt,
affirmantes, iucundius se morituros, uiso tam
diu desiderato *Alberto.“* *)

Dürers Reise nach Rom ist sehr wahrscheinlich ein Mährchen; folgende Anekdote wird es also
nicht weniger seyn:

Er

*) S. *Pirkheimeri* Opp. p. 352. — S. auch *Fre-*
beri Theatr. Viror. Eruditor. p. 1439. — *M.*
D. *Omeisii* de claris Norimberg. p. 27.

Er besuchte den berühmten Angelo zu Rom, und ließ sich von ihm als Farbenreiber annehmen. Dieser malte eben an einem englischen Gruße. Dürer setzte in dessen Abwesenheit eine Fliege auf die Stirne einer Figur, und ging weg. Als Angelo nach Hause kam, und die Fliege auf seinem Gemälde sah, wollte er sie wegjagen, fand aber, daß diese ein Produkt eines großen Künstlers sey. Er ließ ihn aufsuchen, Dürer war aber nicht mehr zu finden. Diese nämliche Anekdote erzählt Johann Dauer in seinem Werke von kunsterfahrnen Schilderern und Malern (Koppenhagen.1721. 8.) S.171 von einem unbekannten Maler aus Elsaß.

Der Kaiser Maximilian hat unserm Albrecht Dürer das Wappen für die Maler gegeben, nämlich in einem assurblauen Felde drey silberne oder weiße Schilde, zwey und eins gestellt. Die Gelegenheit, bey welcher der Kaiser den Malern das Wappen ertheilte, soll folgende gewesen seyn:

Albrecht Dürer mußte dem Kaiser etwas Großes auf eine Mauer zeichnen; und als er auf dem erbaueten Gerüste die Höhe des Ortes nicht völlig erreichen könnte, hatte der Kaiser einem dabey stehenden Edelmanne befohlen, daß er dem Künstler eine Leiter halten und ihn aufsteigen lassen sollte, damit er seine angefangene Zeichnung vollenden könnte. Der Edelmann glaubte, es wäre solches seinem Adel nachtheilig, und verbat sich den kaiserlichen Befehl demüthigst. Der Kaiser aber

antwor-

antwortete: „Albrecht ist wegen Fürtreflichkeit seiner Kunst mehr, als ein Edelmann; und ich kann wohl aus einem jeden Bauern einen Edelmann, aber nicht gleich aus einem Edelmann einen Künstler machen.“ Und hierauf nun soll der Kaiser Dürern das Wappen für die Maler zuerkannt haben.

Eben dieser Kaiser soll für Dürern selbst bey dieser Gelegenheit nicht nur ein Wappen gegeben, sondern ihn sogar geadelt haben. Letzteres ist wohl nicht wahrscheinlich; ersteres könnte zwar geschehen seyn, aber erwiesen ist es noch nicht. Unter den unten anzuführenden Schaustücken, welche auf Dürern erschienen sind, wird man eines finden, dessen Revers ein Wappen vorstellt. Die offene Thüre auf demselben zielt auf Dürers Name, welcher ehemals häufig mit Th geschrieben wurde, wie solches einige unten anzuführende Portraite von Dürern bezeugen.

Mich. Angelo Buonarotti soll alle Dürerische Gemälde und Kupferstiche aus Neid zerrissen oder verbrannt haben; allein man bezweifelt die Wahrheit dieser Anekdote, und, wie mich dünkt, mit Grunde: sie wird auch von J. C. Wagenseil in seiner Comment. de Ciuitate Norimbergensi angeführt, wo er schreibt: „*Angelum Bonarotam Dureri* siue pictas siue aeri incisas imagines, quot quot nancisci poterat, cremasse aut comminuisse in frusta.“

Neuntes

Neuntes Kapitel.

Von seinem Ansehen bey Großen, bey Künstlern, Gelehrten, und in seiner Geburts-
stadt.

Dürer war bey vielen Großen, bey Kaisern, Königen und Fürsten in hohem Ansehen.

Er arbeitete für den Kaiser Maximilian I. welcher ihn auf einer Reise in die Niederlande kennen lernte, und zu seinem Hofmaler, oder — wie er in dem lateinischen heißt — Ministro ernannte. In Wilib. Pirkheimers Opp. p. 175 wird Dürer nämlich Caesareae Majestatis Minister genennet.

Der damalige Fürstbischof zu Bamberg zog ihn bey seiner Anwesenheit zur Tafel, hielt ihn in dem Gasthofe frey, und gab ihm drey Empfehlungsschreiben zu seiner Reise nach den Niederlanden mit.

Er wurde zu Brüssel von dem Markgrafen Hanns und von Kaiser Karls des V. Schwester, Margaretha, sehr gnädig aufgenommen. Am Montage nach Martini, im J. 1520, erhielt er zu Köln von dem Kaiser Karl dem V. die Bestätigung als kaiserlicher Hofmaler.

Zu Antorf mußte er im J. 1521 den König von Dänemark Christian II. zweymal portraitiren, welcher ihn zu dem großen Panquet, das er dem Kaiser, seiner Schwester und der Königinn

E von

von Spanien zu Ehren in Brüssel hielt, einlub,
welche Einladung Dürer auch annahm.

Ferdinand, König von Ungarn und Böhmen,
Heinrich der VIII. König von England, verschiedene Churfürsten, z. E. Churfürst Friedrich der
Weise, und Fürsten, z. E. Herzog Georg zu Meis-
sen, in Deutschland schätzten ihn nicht nur hoch,
sondern ertheilten ihm auch ansehnliche Belohnun-
gen, und einige derselben gaben ihm jährliche Pen-
sionen.

Pirkheimer berichtet in seinen Opp. p. 45.
daß Dürer von obigen Kaisern jährlich einhundert
Gulden damaliger Währung Pension erhalten.

Die berühmten Künstler Giovano Bellini,
Andreas Martegna, Giacomo da Puntormo,
Andrea del Sarto, Lukas von Leyden, u. a. m.
schätzten seine Kunsttalente, und bewiesen ihm häufig ihre Hochachtung. Wir haben oben, als wir
seine beyden Reisen erzählten, gesehen, welche Ehre ihm überall von den Malern erwiesen wurde.

Obiger Andreas Martegna zu Padua hörte,
daß Dürer in Venedig sey, sogleich ließ er ihn,
weil er sehr krank war, schriftlich bitten, ihn zu be-
suchen; Dürer reisete dahin, traf ihn aber nicht
mehr lebendig an, indem er kurz vor seiner An-
kunft verschieden war.

Der große Raphael von Urbino schickte Dürern zum Zeichen seiner Hochachtung sein Bildniß
und eigenhändige Zeichnungen, nachdem ihm Dürer schon zuvor das Seinige nebst einigen Kupferstichen von seiner Hand gesendet hatte. Das Por-
traic

trait Dürers war in Wasserfarben, und wurde
vielleicht bald nach dem J. 1506 verfertigt.

Die größten Gelehrten seiner Zeit weiheten
ihm ihre Achtung und Freundschaft. Wilib.
Pirkheimer, Huldrich Varenphuler, Dr. Lu-
ther, Phil. Melanchthon, Erasmus von Rotterdam, den er zu Brüssel kennen gelernt, auch
abgezeichnet hat, Laz. Spengler, Joach. Camerar, Melch. Adami, Gabriel Valaeotus u.
a. m. gedenken seiner in ihren Schriften und Briefen immer mit Ruhm und Lob.

Wilib. Pirkheimer dedicirte ihm seine lateinische Uebersetzung des Theophrasts — ob amici-
tiam mutuam. Kuspinian nennt ihn Pirkheimers Achat.

Huldrich Varenphuler, Kanzler des Kaisers, war gleichfalls ein Freund Dürers, wie man
aus Pirkheimers Dedication seines Lucianischen
Dialogs: Das Schiff oder die Winde, an jenen Kanzler ersieht, worin Pirkheimer Dürern — nobis communem amicum nennt.

Erasmus Michael Laetus, Professor zu
Koppenhagen, urtheilt von Dürers Arbeiten also:

— — — „Theoremata certa libellis
intulit; ac quo se proferrent grammata ducta
quoque modo, qua mensura, quoue ordine
tum qua
lege geometricis constarent corpora formis
edocuit: monstrans adeo, quibus artubus et
cur

conueniant manifesta loco: qua ualle locanda
sint quaedam, ut oculis ueluti subducta rece-
dant

quae curuo, quaeue obliquo, quae denique
recto

transversove situ tendantur: ubi integer auras
Musculus opplerit: quibus ille deinde lacunis
tanquam absorptus, et inductis languescat ab
umbris,

et nusquam carnes, sed membra exangula
pandat.",

Johann Valentin Andreae sagt in einem
Briefe an Herzog Anton Ulrich von Braunschweig
von Dürern:

„Ex rudi et barbaro seculo primum Germa-
norum non tantum artis suae perfectione ad na-
turae imitationem emersisse, sed nec secundum
post se reliquisse, omnibus eius partibus scalptu-
ra, sculptura, statuaria, architectonica, optica,
symmetria et similibus ita absolutis, ut nisi *Mich.*
Angelum Bonarotam, Italum coaeuum et aemu-
lum suum, parem non habuerit iis operibus, post
se relictis quae unius hominis aetatem facile su-
perent etc." *)

Joh. Christoph Wagenseil in Commenta-
tione de Ciuitate Norimbergensi p. 151 fällt folgendes Urtheil von Dürern:

„Nullius

_____
*) S. Seleniana Augustalia P. I. p. 308.

„Nullius inter Pictores clarius nomen, quam *Alberti Dureri* noſtri, qui, quod uir ortu generis doctrinaque nobiliſſimus, *Bilib. Pirkheimerus* in uita eius commemorat, Italorum inuidiam compeſcens, ipſos adegit, et ad ueritatis confeſſionem et ad falſi commentum, cum *Durero* quidem herbam porrigerent, ſed, ut opera ſua facerent uendibiliora, fraudulenta *Dureriani* nominis inſcriptione ea proponerent. "

Erasmus von Rotterdam war Dürern herzlich gut und ſagte: er verdiene wegen ſeiner Kunſt über die Gewalt der Parzen und das allgemeine Schickſal der Sterblichen erhaben zu ſeyn.*)

Daß Dürer von ſeinen Mitbürgern und ſelbſt von Rathsgliedern geſchätzt worden ſey, beweiſt ſchon die innigſte Freundſchaft, welche ihn und Wilib. Pirkheimern verband. Dr. Chriſtoph Scheurl, ein gelehrter Mann und Rathsconſulent zu Nürnberg, hielt im Jahr 1508 zu Wittenberg, bey einer Doctorpromotion, eine im folgenden Jahre zu Leipzig gedruckte Rede **), und erhebt unſern Dürer darin ungemein.

E 3 Der

---

*) *Durero* bene volo ex animo; cum tali polleat arte, ut Parcarum effugere mereatur rigorem, *Eraſm. Roterd. Ep. ad Birkheim.*

**) Der Titel dieſer Rede iſt: Oratio Doctoris *Scheurlii* attingens litterarum praeſtantiam, nec non laudem Eccleſiae collegiatae Vitembergenſis. Die Dürern betreffende Stelle fängt ſich al-

Der Magiſtrat ſelbſt legte dadurch ſeine Achtung gegen ihn an den Tag, daß er ihn zu einem
Genannten des größern Raths ernannte,

Zehentes Kapitel.

Von ſeiner Leibesgeſtalt, Geiſtesbeſchaffen-
heit, Wohnung, Tod und Begräbniß.

Seine Leibesgeſtalt hat Melchior Adami in Vi-
tis Germanor. Philoſoph. p. 66 edit. in 8. ſehr
genau beſchrieben: „Dederat huic natura corpus
compoſitione et ſtatura conſpicuum aptumque
animo ſpecioſo, quem contineret, ut iuſtitiae ſuae,
quam ſolet extollere Hippocrates, etiam in hoc
non oblita fuerit, quae et ridicule animato ſimiae
fidiculum quoque corpus texit, ita praeclaris
mentibus conuenientia corpora circumdare con-
ſueuit. Erat caput argutum, oculi minantes, na-
ſus honeſtus, et quem Graeci τετραγωνον vocant,
proceriuſculum collum, pectus amplum, caſtiga-
tus uenter, femora neruoſa, crura ſtabilia, ſed
digitis nihil dixiſſes uidiſſe elegantius.“

Schöber

ſo an: Mehercule, ſi unum *Albertum Durerum*,
municipem meum, extra omnem ingenii aleam
poſitam, excipies etc. — — — Eſt nempe nobiliſſimus artifex, neque Amphioni cedens de
diſpoſitione, nec Aſclepiodoro de menſuris etc.

Schöber in Dürers Leben S. 12 beschreibt
seine äußerliche Gestalt also: „Dürer war wohl
gebaut, und etwas freundliches, angenehmes und
aufrichtiges sah ihm aus den Augen. Die Stirn
war heiter; die Nase ein wenig gebogen, der Hals
nicht zu stark und etwas länglich, die Haare schwarz-
braun über die Schultern hangend, und natürlich
etwas lockigt und gerollt, die Brust männlich und
etwas breit, der Leib nicht zu stark, die Füße stamm-
haftig, die Hände und Finger leicht, und seine
ganze Statur von einer wohlgeordneten Größe mit
festen Nerven versehen. In seiner Jugend findet
man seine Abbildung ohne Bart; bey seinen hö-
hern Jahren aber richtete er sich nach der Gewohn-
heit, und ließ denselben ansehnlich, doch nicht un-
förmlich wachsen, nahm auch im angehenden Alter
wieder an der guten Gestalt ab, zehrete vom Fleisch,
und wurde, ohne Zweifel durch den täglichen Verdruß, den er im Alter nicht wohl vertragen konnte,
immer mehr abgemattet. "

Ob hier gleich Dürer vom Kopfe bis auf die
Beine beschrieben wird, so wird doch nichts von
der Beschaffenheit seines Haupthaares dabey ge-
meldet. Es sind Schaustücke vorhanden, welche
ihn mit sehr langen Haaren vorstellen, da er hingegen auf andern mit kurz abgeschnittenen erscheint.
Vermuthlich wird er in seinen jüngern Jahren lange Haare getragen haben; nachdem aber aufge-
kommen seyn mag, dieselben abgeschnitten zu füh-
ren, wollte er sich auch nach der neuen Mode rich-
ten, daher man sie auf den Medaillen selbiger Zeit

viel-

vielfältig antrift. Es hat sich das eigene Haartra-
gen eben so oft auf mancherley Weise verändert,
als wie es ehemals und jetzt mit den Perüquen zu
geschehen pflegt.

Sein Zeitgenosse, Joach. Camerar, beschreibt
auf die nämliche Weise seine körperliche Gestalt und
setzt hinzu: Sermonis tanta in eo suauitas et le-
por erat, ut nihil esset audientibus magis contra-
rium, quam finis. Schöber a. a. O. schreibt:
„Der Geist in Dürern war aufmerksam, lebhaft,
doch ohne Ausschweifung, bedächtig, von starker
Einsicht und Einbildungskraft. — Er hatte auch
in seinen Reden etwas so angenehmes, daß man
ihm gerne und aufmerksam zuhörte. — Er war
geduldig in Ertragung widriger Schicksale, und
konnte sich öfter in der Tugend der Gelassenheit
üben, weil ihm seine Frau Agnes immer neue Ver-
anlassung dazu gab.“ — Auf die Arbeiten anderer
Künstler warf er keinen verachtenden Blick. Schöber sagt: „Sollte er von eines andern Arbeit,
die nicht zum Besten gerathen, ein Urtheil fällen,
so war dieses sein gewöhnlicher Ausspruch: Der
Meister hat wirklich sein Bestes daran gethan;
und war das Stück schön, so unterließ er nicht, es
zu loben, und dessen Vorzüge anzuzeigen.“

Er wohnte in dem Eckhause gegen dem Thier-
gärtnerthore über, linker Hand, wenn man durch
die Zisselgasse hinauf nach diesem Thore gehet, worin jetzt ein Tischler wohnet.

Ehe

Ehe wir noch von seinem Tode reden, wollen wir noch einen Blick auf seine nächsten Anverwandten werfen.

Im J. 1521, am Sonntage vor St. Bartholomäustag, nämlich den 18. Aug. im Zwilling, wie Dürer schreibt, wurde seine liebe Schwieger, die Hanns Freyin, krank, und am 29sten Tag des Herbstmonats, nach Empfahung der Sacramente, verschied sie, in der Nacht zu der 9ten Stunde nach der Nürnberger Uhr.

Im J. 1523 an unsrer lieben Frauen Tag, als sie in dem Tempel geopfert ward, frühe vor dem Garaus (bey Anbruch des Tages) verschied Hanns Frey, sein lieber Schwager, „der bey sechs Jahren,“ setzt er hinzu, „krank war, der auch in der Welt gleich unmögliche (außerordentliche) Widerwärtigkeiten erduldet hat, der auch mit den Sacramenten verschieden ist. Der allmächtige Gott sey ihm gnädig!“

Endlich kam auch für unsern Dürer das Stündchen der Erlösung von allem Erdenübel und — von seinem bösen Weibe. Er starb an einer auszehrenden Krankheit im J. 1528, den 6ten April in der Marterwoche. Seine ganze ruhmvolle Lebenszeit dauerte 56 Jahre, 10 Monate und 17 Tage. Er hinterließ 6000 Fl., welches in damaligen Zeiten ein ansehnliches Vermögen war, und einen großen Schatz von Kunstsachen, welche nachher an seinen Bruder, Andreas, durch Erbschaft kamen,

Dürers

Dürers Grab ist auf dem St. Johanniskirch=
hofe, in der XXII Zeile der sechs und zwanzigste,
und mit Num. 649 bezeichnet.

Auf dem Grabesteine siehet man oben zu den
Häupten ein aus Stein gehauenes Pult, auf wel=
chem eine messingene Tafel mit dieser Aufschrift be=
festigt ist:

Me, Al, Du, (Memoriae Alberti Dureri.)
QVICQVID ALBERTI DVRERI MORTALE
FVIT, SVB HOC CONDITVR TVMVLO,
EMIGRAVIT VIII IDVS APRILIS.
M. D. XXVIII.

mit seinem gewöhnlichen Zeichen, einem latein=
gothischen A, darin der Buchstabe D befindlich ist.

Auf dem Leichensteine liegen ferner zwey Schil=
de; das zur Rechten ist in vier Theile getheilt, da=
von das erste und vierte Quartier leer, das zweyte
und dritte aber mit Pelzwerk von Weh ausgeziert
ist. Der zweyte Schild zur Linken führt zwey mit
den Rücken gegen einander gekehrte kämpfende
Hähne.

Ueber zween Schilden liefet man in einem klei=
nen Täfelchen:

MCCCCCXXI der Freyen Begrebtnus.

Die darunter liegende große messingene Tafel
ließ 1681 Joachim von Sandrart verfertigen.
Zur Rechten stehet:

Vixit Germaniae suae Decus ALBERTVS
DVRERVS, Artium Lumen, Sol Artificum,
Vrbis

Vrbis Patr. Nor, Ornamentum, Pictor, Chalcographus, Sculptor fine Exemplo, qui omnifcius,
Dignus inventus Exteris, quem imitandum cen-
ferent. Magnes Magnatum, Cos Ingeniorum,
poft fefqui Seculi requiem, qui parem non habuit, Solus heic cubare iubetur, Tu flores fpar-
ge, Viator.

A. R. S. MDCLXXXI.

I. de S.

Zur linken liefet man diefe Verfe:

Hier ruhe, Künftler-Fürft! Du mehr als gro-
ßer Mann!
In Viel-Kunft hat es Dir noch keiner gleich ge-
than.
Die Erd ward ausgemalt, der Himmel Dich
jetzt hat;
Du maleft heilig nun dort an der Gottes-Stadt.
Die Bau-Bild-Malerkunft die nennen Dich
Patron,
Und fetzen Dir nun auf im Tod die Lorbeer-
kron. *)

Wilibald Pirkheimer beklagte feinen Tod in
einem Briefe an Ulrich von Hutten in opp. ap-
pend. epiftolar. familiar. n. 10. p. 399. Seine
fchöne Elegie auf Dürers Tod ftehet in *Conr. Rit-*
tershu-

*) S. D. Joh. Mart. Trechfel Gedächtniß des
Kirchhofs St. Johannis mit M. Georg Jacob
Schwindels Vorrede. Nürnbg. 1735. 4to.

tershusii Comment. de uita Pirkheim. inter opp. eiusd. p. 26,

Eobani Hessi Elegia auf **Dürers Tod** in Farrag. prioris opp. p. 150.

Conrad Celtes, **Thomas Venatorius** u. a. m. schrieben Elegien auf seinen Tod.

Wil. Pirkheimers Grabschrift, welche er zum Denkmal seiner Freundschaft mit **Dürern** verfertigte, will ich hier, wegen ihrer edlen Simplicität, anführen:

M.   B.   S.

Memoriae *Alberti Dureri*, viri optimi ac aetate sua pictoris absolutissimi, qui non solum primus e germanis picturam auxit, illustrauit, ad severiorem legem restrinxit, sed et literis posteritati commendare coepit, ob quam rem, praecipueque mores compositos, prudentiam et modestiam singularem Norimbergensibus suis imo ceteris omnibus fuit carissimus; Divo vero Maximilliano ac Nepoti ejus Carolo, Caesaribus, nec non Ferdinando Hungariae ac Bohemiae Regi acceptissimus, qui illum annuo largoque stipendio foverunt, ac summo profecuti sunt favore. Obiit autem non sine magno amicorum desiderio VIII Idus Aprilis anno MDXXVIII. aetatis vero suae LVII. Bilibald Birkheimerus amico integerrimo,

M. P.

In

In der Kleinischen Sammlung: „Leben und Bildniſſe der großen Deutſchen, ſteht S. 19. B. II. nach der Octavausgabe folgende Ueberſetzung dieſer Grabſchrift:

Ruhe
der
abgeſchiedenen Seele.

Dem Andenken Albrecht Dürers, des beſten Mannes und vollkommenſten Malers ſeiner Zeit, der nicht nur der erſte unter den Deutſchen war, welcher die Malerkunſt erhöhte, veredelte und in ſtrengere Geſetze einſchränkte; ſondern auch durch ſeine Schriften der Nachwelt ſchätzbarer machte. Er war deswegen, und vorzüglich auch wegen ſeiner feinen Sitten, ſeiner Klugheit und beſondern Beſcheidenheit von ſeinen Nürnbergiſchen Mitbürgern, ja auch von allen Auswärtigen höchſt geſchätzet; und bey weiland Maximilian, und ſeinem Enkel Karl, beyden Kaiſern, auch bey Ferdinand, König in Ungarn und Böhmen, ſehr beliebt, welche ihn mit einem reichlichen Jahrgehalt begünſtigten, und in höchſter Gnade gewogen waren. Er ſtarb, nicht ohne großes Leidweſen ſeiner Freunde, den ſechſten Oſtermonat in dem Jahre eintauſend fünfhundert acht und zwanzig, in dem Alter von ſieben und funfzig Jahren. Bilibald Birkheimer hat ſeinem aufrichtigen Freunde dieſes Denkmal geſtiftet.

4.

Eilftes Kapitel.

Alphabetisches Verzeichniß der Orte, an welchen Dürerische Kunstwerke aufbewahret werden.

Anfpach.

In der dafigen fürftlichen Bibliothek befindet fich eine beträchtliche Sammlung alter Kupferftiche und Holzschnitte in zehen großen Foliobänden von Albrecht Dürer, worunter die vornehmften feiner Blätter, nämlich der verlorne Sohn, Adam und Eva, der h. Hubertus, der h. Hieronymus, und fein eigenes Portrait anzutreffen find. *)

Augfpurg.

Auf dem dafigen Rathhaufe, in dem Zimmer der Stadtbaumeifter, ift von Dürern: ein Bildniß K. Maximilians I. nach dem Leben abgemalt.

Bafel.

Affentanz, gezeichnet. Dies Blatt enthält 12 Affen. Oberhalb dem Affentanz fteht gefchrieben: 1523. noch andree zw Nürnberg. Mit diefem Blatte fchickte er folgenden Brief an Frey in Zürich:

„† 1523 am Sundag nach Andree zw Nürnberg.

Mein günftiger lieber her Frey myr ift das püchlein fo ihr hern farnpuhlr vnnd mir zwfchicket, worden,

*) S. Hrn. Hofr. Meufels Mufeum I. St. S. 55.

worden, so ers gelesen hat, so will ichs dornach
auch lesen. aber des Affen danz halben so ihr begert ewch zu machn hab ich den hymit ungeschickt
auffgerissn, dan ich hab lang kein Affn gesehen
wolt also vergut habn vnnd wöllt mir meine willige
dinst sagn herrn Zwingle hans lowen hans Vriche
vnnd den andern meinen günstign herrn

Albrecht Dürer

teillent dis süff stückle vnter vch ich hab sunst nix
newes."

Das Original dieses Briefes befindet sich in
der Universitätsbibliothek zu Basel. Er ist abgedruckt in Hrn. v. Murrs Kunstjournal Th. X.
S. 47.

Bisanz.

In dem dasigen Palaste des Kardinals Gra-
vellani sind von Dürern: zwey Tafeln.

Del Bosco.

Zu del Bosco, einer Benedictiner-Abtey in
dem Piemontesischen, zwischen Turin und Genua,
in dem Zimmer des Priors: Ein ganzer Lebens-
lauf Christi mit so kleinen Figuren, daß man eines
Vergrößerungsglases benöthigt ist, um alles genau
zu erkennen. Für dieses Dürerische Stück sollen
dem Kloster 11000 Zechinen geboten worden
seyn. Einige zweifeln, ob Dürer dieß Stück
verfertigt habe. *)

Dies-

---

*) S. Keyßler S. 305.

Dresden.

Die Bilderſammlung zu Dresden enthält folgende Gemälde von unſerm Künſtler:

Die Anbetung der Könige; Chriſtus mit der
Dornenkrone; eine Kreuzigung mit dem Simon
von Cyrene; ein kleiner Altar, worauf Maria mit
dem Kinde ſitzt; und zu den Seiten der Erzengel
Michael und die h. Katharina vorgeſtellet ſind;
die ſterbende Maria von Apoſteln umgeben; ein
Eremit mit einem Todtenkopfe; ein Mann mit
aufgeſetztem Hute und einem Briefe in der Hand;
ein kleiner Haaſe mit Waſſerfarben.

In der Churfürſtlichen Bibliothek daſelbſt befindet ſich das Original- Manuſcript ſeiner Werke
über die Proportion des Menſchen.

Düſſeldorf.

In der Bildergallerie zu Düſſeldorf ſind von
Dürern:

Die zehentauſend Märtyrer, 3 Schuhe, 5
Zoll hoch, 3 Schuhe, 1 Zoll breit. Franc. v. d.
Steen hat dieſes Gemälde auf vier Folioplatten
vortreflich geſtochen; es iſt aber höchſt ſelten. Eine h. Familie 2 Schuh 7 Zoll hoch, 2 Schuh 1
Zoll breit. Des Heilandes Haupt mit Dornen
gekrönet.

Florenz.

In der daſigen großherzoglichen Gallerie befinden ſich von Dürern:

Adam und Eva; Dürers Bildniß von ihm selbst 1498 gemalt, darunter mit subtilen Buchstaben geschrieben ist:

Das macht ich nach meiner Gestalt
Ich was sechs vnd zwanzig Jar alt.

Es ist durch Hollar in Kupfer gestochen worden. Moufe in seinem Museo Fiorentino T. I. p. 22 hat es beschrieben und in Kupfer gestochen geliefert.

Zwey Apostelköpfe, St. Philipp und St. Jacob, vom J. 1516.

Sie wurden vom Kaiser Ferdinand dem III. dem Großherzoge Ferdinand dem II. verehrt. Baldinucci (Vol. II. p. 328.) beschreibt sie ausführlich. *)

Gotha.

Adam und Eva unter dem Baume, von Albr. Dürer, in Holz geschnitten, befindet sich in Gotha. Dieses Stück soll, wie Keyßler versichert, tausend Dukaten gekostet haben.

Hubertsburg.

In der dasigen Schloßkapelle, auf dem Altare, ist eine Copie nach Dürers Original, welches ein Herr von Schönberg besessen hatte. Es stellt den h. Hubert vor, wie er auf der Jagd einen Hirsch mit dem Crucifixe zwischen dem Geweihe zu Gesichte bekommt.

Mal-

*) S. auch Giuf. Pelli Saggio istorico della Real Galleria di Firenze. Vol. 2. Firenze 1779. 8. p. 223.

Mailand.

In den Zimmern der dasigen Akademie befinden sich einige schöne, aber trockene Köpfe von Dürern.

Mannheim.

In der Churpfälzischen Bildersammlung zu Mannheim befinden sich Gemälde von Dürern: Eine sterbende Maria; ein Ecce Homo.

Modena.

Daselbst befindet sich: der h. Hieronymus, wie Francesco Scanelli in seinem Microcosmo della Pittura, p. 142 sagt.

München.

In der Gallerie zu München befinden sich folgende Dürerische Gemälde:

Zwey Apostel in Lebensgröße; eine Kreuzigung Christi; die Himmelfahrt Mariens mit den zwölf Aposteln; Lukretia in Lebensgröße; die vier Evangelisten, in Form der vier Complexionen, Johannes in 15 Jahren, Paulus in 30, Marcus in 45, Petrus in 60.

In derjenigen Bildergallerie zu München, die der jetzige Churfürst von Schleisheim aus dahin bringen, und in einem am Schloßgarten neuerbauten Pavillon aufhängen ließ, befindet sich von Dürern: Eine Kreuztragung Christi.

So stark das Gefolge ist, so zeichnet sich doch die Hauptfigur sehr gut aus. Dürer scheint bey diesem Gemälde, besonders in Absicht der Drapperie,

rte, ganz seine eigene Manier verläugnet zu haben.
Man rechnet es unter seine besten Stücke. *)

In eben dieser Gallerie befindet sich von ihm:
Alexanders des Großen erste Schlacht wider den
Darius, im J. 1519 mit unglaublicher Arbeit
gemalt.

Man sieht auf diesem Stücke viele tausend
Menschen, an denen man die Haare am Kopfe
und Barte, die kleinste Figur der Harnische und
andere Kleinigkeiten auf das deutlichste und zarteste
ausgedrückt siehet. Hr. von Murr aber hält dieses Gemälde für eine Arbeit des Martin Zesele.

Neapel.

In der dasigen Karthause, St. Martino, sind
von Dürern verschiedene Zeichnungen vorhanden.

Nördlingen.

Am untern Altare der Hauptkirche zu Nördlingen befindet sich ein herrliches Blatt von unserm
Dürer: Die Grablegung Christi.

Es ist zuverläßig eines seiner besten Stücke,
und sehr gut erhalten. Dürer hat sich hier, in
Absicht des Ausdrucks und des Colorits, selbst
übertroffen. Man weiß dieses Gemälde auch zu
schätzen, denn es ist beständig verhüllt. **)

Nürnberg.

In dem kaiserlichen Schlosse auf der Vesten,
in dem kaiserlichen Schlafzimmer ist von Dürern

gemalt:

*) S. Hrn. Hofr. Meusels Museum 1. St. S. 31.
**) S. Ebendes. Museum 1. St. S. 22. f.

gemalt: Petrus und Johannes, auf Holz. In dem Schlafzimmer der Kaiserin: Maximilianus Imperator.

Auf dem kleinen Saale (Söllerlein) daselbst ist Dürers große Ehrenpforte auf K. Maximilian I. 1 5 1 7. von Hieronymus Resch, der auch Andreae hieß, in Holz geschnitten.

Auf dem Rathhause, den Saalfenstern gegen über, hat Dürer den schönen Triumpfwagen, welchen Wilib. Pirkheimer 1518 Kais. Maximilian dem I. zu Ehren erfunden hat, gezeichnet und gemalt.

In dem schönen Saale, in der obern Gallerie daselbst, zur linken gegen die Fenster, ist: St. Marcus und Paulus, auf Holz. Dürer hat dieses Gemälde selbst auf das Rathhaus verehrt.

Neben dem marmornen Portale der Hauptthüre dieses Saals ist von ihm: Adam und Eva, und zwischen ihnen der Baum der Erkenntniß mit der Schlange; auf Holz. In der Mitte steht nebst seinem Zeichen:

Albertus Dürer almanus
Faciebat post virginis
Partum 1507.

Die Figuren sind in Lebensgröße. Dieses Stück hat 1200 Rthlr. gekostet, bis es an Ort und Stelle kam. Kaspar Velius machte folgendes Epigramm darauf:

Angelus hos cernens, miratus dixit: ab Horto
Non ita formosos vos ego depuleram.

In

In der Silberstube, über der Thüre nach der Gallerie daselbst, befindet sich: Das Brustbild Albrecht Dürers; auf Holz. Zur Rechten ist sein Zeichen mit der Jahrzahl 1500. Zur Linken steht mit goldenen Buchstaben:

Albertus Durerus Noricus ipsum me propriis sic effingebam coloribus aetatis anno XXVIII.

In dem Zimmer neben der Silberstube daselbst, gegen dem Ofen zu: Karl der Große, in Lebensgröße, mit dieser Aufschrift:

Karolus magnus imperavit annis 14.

Diß ist die Gestalt und Bildnuß gleich
Kaiser Carl der das Römisch' Reich
Den Deutschen unterthänig macht,
Sein Kron und Kleidung hochgeacht
Zeigt man zu Nürnberg alle Jahr
Mit andern Heilthum offenbahr.

Ebendaselbst ist: Kaiser Siegmund, gleichfalls in Lebensgröße, mit dieser Aufschrift:

Sigismundus imperavit annis 28.

Diß Bild ist Kaiser Sigmunds Gestalt,
Der dieser Stadt so mannigfalt
Mit sondern Gnaden was geneigt,
Viel Heilthums, das man jährlich zeigt,
Das bracht er her gar offenbahr,
Die Kleinzahl vier und zwanzig Jar MCCCC.

Beyde Monarchen sind in dem kaiserlichen Ornate auf Holz gemalt, und hangen neben einander.

Der

Der Kaiser Maximilian gab im J. 1512 selbst einen Triumpf, oder sogenannten Triumpf=wagen, an, den Albrecht Dürer zeichnen, und Hanns Birkmayer u. a. m. in Holz schneiden mußte. Dürer bekam vom Kaiser jährlich hun=dert Gulden, die ihm aber nicht schnell bezahlet wurden. Es erhellet solches aus Dürers eigen=händigem Schreiben, welches Hr. v. Murr in sei=nem Kunstjournal Th. IX. S. 3. hat abdrucken laſſen.

Dieſer Triumpf K. Maximilians muß nicht mit Dürers Triumpfwagen verwechſelt werden, der auf dem nürnbergiſchen Rathhausſaale gemalt iſt. Es ſind ſiebenfache Vorſtellungen davon heraus:

1. Mit deutſcher Schrift, von Dürern ſelbſt herausgegeben. In Holz geſchnitten, 14 Zoll hoch, 87 breit. Das meiſte davon hat Hierony=mus Röſch, der auch Andreae hieß, geſchnitten.

2. Mit lateiniſchen Aufſchriften. Am Ende lieſet man: Excogitatus et depictus eſt currus iſte Nurembergae. Impreſſus uero per *Albertum Durer.* Anno M. D. XXIII.

3. Mit eben dieſer lateiniſchen Aufſchrift: Anno M. D. LXXXVIIII. *Jacobus Chinig* Ger=manus, tabulas haſce ab haeredibus *Alberti Du=reri* aere proprio emptas iterum Venetiis diuul=gandas curauit *Kinig* Germanus.

4. Impreſſus eſt Currus iſte Amſtelreodami per Harmannum Allardi Koſter, et Dauidem de Meyne.

Meyne. Anno 1609. Der Druck ist fast reiner, als der erste Nürnbergische, von Dürern selbst besorgte.

5. Eben dieser Triumpfwagen mit neuerer deutschen Schrift, als derjenige ist, der von Dürern selbst herausgegeben ist. Unten steht: Dieser Wagen ist zu Nürnberg erfunden, gerissen, und gedrukt durch Albrecht Thürer im Jahr M. D. xxij. Cum Gratia et Privilegio Cesaree Majestatis.

6. Kleiner, von Jacob Bink in Kupfer gestochen. Ist in Wilibald Pirkheimers Theatro Virtutis et Honoris, Nürnb. 1606. 8. zu finden, wo auch dessen Beschreibung davon, die er im Jahr 1518 an den Kaiser sandte, S. 168 — 176 lateinisch und deutsch stehet.

7. In fl. 4. oder 8. mit einer Einfassung und mit der Ueberschrift:

Quod in Coelis Sol hoc in Terra
Caesar est.

Diesen schönen Triumpfwagen, den Saalfenstern des Rathhauses gegen über, hat Wilibald Pirkheimer 1518 zu Ehren K. Maximilians I. erfunden, und Albrecht Dürer gezeichnet und gemalt. Der prächtige Wagen, auf welchem der Kayser im Reichsornate sitzet, wird von zwölf Pferden gezogen, dessen vier Räder *Magnificentia, Honor, Dignitas* und *Gloria* heißen. Ueber dem Triumpfwagen stehet: *Quod. In. Celis. Sol. Hoc. In. Terra, Caesar. Est.*

Ar

An dem Wagenhimmel liefet man: *Veri Principis Imago.* An diesem hänget eine Zierrath herab, in welcher ein Herz in einem Lorbeerkranze ist, mit den Worten: *In. Manu. Dei.* (cor) *Regis. Est.*

Victoria hält einen Lorbeerkranz über den Kaiser. Auf ihren Fittigen steht: *Gallis. Vngaris. Elvetiis. Bohemis. Germanis. Venetis.* Zu beyden Seiten des Kaisers und vorne stehen die drey Tugenden: *Temperantia. Fortitudo,* und *Prudentia.* Jede hält in beyden Händen Kränze, welche bezeichnet sind: *Clementia. Veritas. Aequitas. Bonitas. Constantia. Liberalitas. Mansuetudo. Intelligentia.*

Neben dem Wagen treten vier andere Tugenden einher: *Grauitas. Perseuerantia. Securitas. Fidentia.*

Die Pferde regieret Ratio an den Leitseilen *Nobilitas* und *Potentia.*

Das erste Paar Pferde zunächst am Triumpfwagen wird geleitet durch *Moderatia* und *Prouidentia.*

Das zweyte Paar leitet *Oportunitas* und *Alacritas.*

Das dritte *Velocitas* und *Firmitudo.*

Das vierte *Acrimonia* und *Virilitas.*

Das fünfte Paar *Audacia* und *Magnanimitas.*

Das sechste *Solertia* und *Experientia.* Alle diese Tugenden halten Kränze.

Hinter dem Triumpfwagen ist ein Balcon mit Musikanten gemalet. Sodann sitzet über der Haupt-

Hauptthüre, bey dem meſſingenen Gitter, ein Richter zwiſchen *Ignorantia* und *Suspicio.* Zur rechten
Hand ſtehet:

> *Nemo Vnquam Sententiam Ferat Priusquam*
> *Cuncta Ad Amuſſim Perpenderit.*

Zur linken lieſet man:

> Ein Richter ſoll kein Urthel geben
> Er ſoll die Sach erforſchen eben.

Vor dem Richter kniet *Inſons* (der Unſchuldige),
hinter dieſem kommen die häßlichen Laſter, welche
die Gerechtigkeit hindern: *Calumnia, Fraus. In-*
uidia. Inſidiae. Feſtinatia. Error; ſodann *Poena,*
Penitentia. und *Veritas,* welche den Beſchluß
macht. Die Figuren ſind faſt drey Schuh hoch.

Die Pirkheimeriſche Beſchreibung dieſes
Triumphwagens findet man in W. Pirkheimerl
Opp. p. 172 — 173 (Fcf, 1610. fol.) Pirkheimer rühmt in ſeinem Schreiben an den Kaiſer
die Arbeit des Dürers.

In der Kirche zu St. Sebald, an der Säule, wo die Kanzel iſt, hänget eine länglichte Holz-
ſchuheriſche Tafel, worauf die Abnehmung Chriſti vom Kreuße vortreflich von Albr. Dürer gemalt iſt.

In der Predigerkirche, an der dritten Säule
vom Chore an, ſieht man: Die Mutter der Kinder Zebedaei; mit der Jahrzahl 1496.

F 5 Man

Man hält dieses Gemälde für eines der ersten von Dürern.

In der Kirche zu St. Lorenzen, hinter der Kanzel, vor dem St. Kilians-Altare, ist: Christus am Kreuße; mit der Jahrzahl 1494.

Dieses Gemälde ist mittelmäßig und wohl eines der ersten von Albr. Dürer.

In der Katharinenkirche, auf dem Seitenaltare, zur rechten Hand, wenn man nach dem Chore gehet, sieht man: Die Geburt des Heilandes der Welt.

Das Original war von Albr. Dürer, und von Paumgärtner gestiftet, wurde aber von dem Magistrate dem Churfürsten von Baiern, Maximilian, verehrt, nachdem er es genäu hatte copiren lassen.

Stephan Paumgärtner ist als St. Georg, und sein Bruder Lukas als Eustachius oder Hubertus, auf den Flügeln abgebildet. In dem Gemälde selbst sind drey Weiber zu sehen. Die älteste ist eine Volkamerin, die in der Mitte ist eine Paumgärtnerin, und die dritte eine Reichin. Die drey Männer sind die drey Paumgärtner, und hinter ihnen der alte Hochmüller, welcher den Löwen im Schilde hat.

Hanns Ebner kaufte Hanns Glimms, eines Silberarbeiters Sohn, die Abnehmung Christi vom Kreuße, von Dürern gemalt, ab, welche sein Vater an die Säule zur rechten Hand, in der Katharinenkirche, hatte aufhängen lassen.

Ebner-

Ebnersches Museum. Man sieht daselbst von Dürern: Ein Frauenzimmer 1507. auf Holz.

Bey Hanns Imhof war ein Marienbild.

Pellerisches Vorschickungshaus bey St. Egydien. In dem Nebenzimmer des zweyten Stockwerks ist von ihm: Die Abnehmung Christi vom Kreuze; auf Holz.

Ebendaselbst in dem daranstoßenden Stübchen: Das Bildniß Jacob Muffels 1526; auf Holz.

Volkamerische Kunstsammlung. In dem Hause des Herrn Karl Forsters, am Fischbache, wird die Volkamerische Kunstsammlung aufbewahrt. Von Dürern ist vorhanden: Ein vortrefliches kleines Stück in Wasserfarben, welches eine Copie von seinem Gemälde bey St. Rochus ist, welches Pirkheimer zum Andenken seiner Gemalin Crescentia, einer gebornen Rieterin, hatte verfertigen lassen.

Praunisches Museum. So wie Dürers Originalkupferwerk ganz in der Praunischen Kupfersammlung ist, so fehlen auch sehr wenige von den Holzschnitten. Alle sind ausnehmend schön gedruckt. Der Stifter dieses Museums, Paul von Praun, kaufte sie aus der Verlassenschaft Wenzel Jamizers, der sie von Dürers Bruder erhalten hatte. Sie sind alle in des Hrn. von Murrs Description du Cabinet de feu Msr. *Paul de Praun* ausführlich beschrieben.

Die Dürerischen Kupferstiche sind daselbst vollständig, nämlich 104 Stücke; der Holzschnitte

sind

ſind 307, und zwar lauter ſehr ſchöne Abdrücke.
Außer dieſen ſind noch zwölf Handriſſe von ihm vorhanden, und folgende Gemälde:

    n. 81. Johannes der Täufer; eine Skizze.

    n. 87. St. Onophrius, 1504; eine Skizze.

    n. 88. Albr. Dürer ſelbſt.

    n. 89. Johann Dürer, ſein Bruder, 1500.
      Dieſe vier Stücke ſind auf Holz gemalt.

    n. 90. Ein Ecce homo; eine Skizze zu ſei-
      ner kleinen Paſſion; auf Leinwand, klein.

    n. 91. Bildniß Jacob Fuggers, mit ſchwar-
      zer Kreide gezeichnet.

    n. 119. Johann Dorſch, Pf. zu St. Johan-
      nis, 1516; auf Pergament.

    n. 120. Michael Wolgemuth; auf Holz; mit
      dieſer Schrift Dürers:

„Dieß hat Albrecht Dürer abconterfät nach
ſeinen Lehrmeiſter Michael Wolgemut, im Jor
1516. und er was 82 Jor und hat gelebt pis das
man zelet 1519 Jor, do iſt er ferſchiden an St.
Enttes dog frü ee die Sun auffgieng."

    n. 150. Die h. Anna, Maria und das Kind,
      1519; auf Holz.

    n. 156. Dürers böſes Weib, ganz nackt 1519;
      Skizze, auf Tuch gemalt.

St. Rochus bey Nürnberg.

Zwiſchen der Sakriſtey und dem Hauptaltare
der Imhöfiſchen Kapelle zu St. Rochus, iſt die
ſchöne Düreriſche Stiftungstafel, welche die Geburt Chriſti vorſtellt.

Außen

Außen an der Thüre dieses Gemäldes ist Constantin, wie er den Leichnam Christi hält. 1624.

An der geöfneten Thüre ist von Albrecht Dürer die auf ihrem Kind- und Sterbebette liegende Gemahlinn Wilibald Pirkheimers, Crescentia, eine geborne Rieterin, gemalt. Eine Weibsperson wischt ihr den Todesschweiß vom Gesichte. Hinter ihrem Bette kniet ihr weinender Eheherr. Die Sterbende empfängt die letzte Oelung, hält in der rechten Hand eine brennende Wachskerze, in der linken aber ein Crucifir. Vor ihr sitzt ein Geistlicher, der die Chrisambüchse in der Hand hält. Ein Augustinermönch kniet vor ihrem Bette, und liefet aus einem Buche. Um das Bette stehen noch etliche Weibspersonen, darunter auch die Schwester Pirkheimers, Nonne von St. Klaren, ist. Ober diesem Gemälde ist folgendes Elogium, das Pirkheimer selbst verfertigte, mit goldenen Buchstaben geschrieben:

Mulieri incomparabili Coniugique Clarae Crescentiae Meae Bilibaldus Pirckhaimer Maritus quem nunquam nisi morte sua turbauit, Monumentum posui.

Besser unten stehet:

Migrauit ex aerumnis in Dominica XVI. Kal. Iunii. Anno Salutis nostrae 1504.

Diese Täfel war vormals in St. Sebalds Kirche.

Unten ist in einem versperrten Gehäuse, unter andern auch Hanns Imhofs Bildniß zu sehen, nebst

der

der knieenden Crescentia Pirkheimerin, unter wel=
cher zu lesen ist:

Crescentia Birkhaimerin
Eine geborne Rieterin.

Hinter ihr stehet ihr Eheherr, und Albrecht Dü=
rer.   Sie halten beyde ein Täfelchen.   Bey Pirk=
heimern lieset man:

Effigies Herrn Wilibald Pirkhaimerij weil.
Keyser Maximiliani Primi und Caroli
V. Rath.

Unter Dürern stehet:

Effigies *Alberti Dureri*. A. 1509.

Auf dem Täfelchen ist dieses zu lesen:

„Diese Gedächtnuß ist Herrn Wilibald Imhof
dem ältern und dessen in Gott ruhenden lieben Vor-
eltern von seinem Sohn Hanns Imhof zu Ehren
aufgerichtet worden.   Der Allmechtige Gott wolle
diese Familiam, samt derselben Posteritaet in gu=
tem Fried und Wohlstand zu Lob und Ehre seines al=
lerheiligsten Nahmens weiter segnen und erhalten.
Anno Salutis pr. Januarii, 1624.“

Unten darunter ist eine Mücke gemalet, und
in der Eckspize des Malers Zeichen, J. G.

Von diesem Gemälde hat Hr. Johann Gott=
lieb Prestel eine schöne Zeichnung verfertigt.

Paris.

Der König in Frankreich besizt drey Stücke
Tapezerien nach Dürers Zeichnungen: Das Lei=
den

den Christi; die Geschichte des h. Johannes; die verschiedenen Stände im bürgerlichen Leben.

Der Herzog von Orleans hat von Dürers Hand folgende Schildereyen: Das Brustbild eines Mannes mit einem Papiere in der Hand; eine Geburt Christi; eine Anbetung der Könige; und die Flucht nach Egypten.

Bey den Jesuiten in Paris war ein Gemälde Dürers, welches den betenden Heiland im Oelgarten vorstellt.

Prag.

In der Kaiserlichen Gallerie: Wie Christus sein Kreuz trägt. Neben vielen andern Personen kommen auch alle damalige nürnbergische Rathsherren nach dem Leben vor. Dieses Stück hat der Magistrat dem Kaiser, vermuthlich Rudolph II. verehrt.

2. Die Marter des h. Bartholomaeus. Dürer verfertigte dieses Gemälde zu Venedig.

Rom.

Zu St. Pietro in Vincoli, an dem Altare zunächst bey der Thüre: Die drey Marien bey dem Grabe Christi. Einige zweifeln, ob Dürer der Meister sey. *)

In dem Pallaste des Kardinals Gualtieri: Maria und Christus.

In dem Pallaste der Sacchetti: Ein Kopf.

In

*) S. Keyßlers Reisen S. 502.

In dem Landhauſe la Villa Borgheſe: Die drey Weiſen aus Morgenland.

In Villa Ghigi: Der Leichnam Chriſti.

Seligenſtadt.

In der Abteykirche daſelbſt ſoll das große Altarblatt von Dürern ſeyn; Blainville ſcheint aber faſt daran zu zweifeln.

Venedig.

In dem herzoglichen Pallaſte daſelbſt iſt verſchiedenes von Dürers Pinſel.

In der daſigen Rüſtkammer ſind auch zwey kleine Statüen von Adam und Eva, welche Dürer mit einem bloßen Federmeſſer aus Holz geſchnißt hat. Einige zweifeln, ob Dürer der Künſtler davon ſey. *)

Ein Ecce homo von ihm iſt in dem Zimmer des Raths der Zehner zu Venedig.

Ein Basrelief, das Aloyſius Molin zu Venedig beſaß, von welchem Boſchini in ſeiner Carta del navigar pitoreſco, Venez. 1660. 4. Vento ſettimo, p. 519 ſagt:

> Ma de baſſo relievo *Alberto Duro*
>   Vn Triton figurà ne moſtra a ponto,
>   Che una Dona hà rapia: ſe uoſtro conto,
>   Che'l ſia un diamante chiaro, neto, epure.

Verona.

---

*) S. Keyßlers Reiſen. S. 1109.

Verona.

In Casa de' Conti Moscardi a S. Vitale befinden sich: Vna Madonna col Bambino sedente, e
S. Giuseppe inchinato a terra con paese. Vn'
adorazione de' Magi.

Diese beyden Stücke werden von dem Ritter
Pozzo (Vite de' Pittori Veronesi p. 288 und
291.) angeführt.

Wien.

Die Kaiserliche Bildersammlung zu Wien enthält vierzehen Stücke von Dürers Arbeiten, die
keine andere Sammlung in solcher Anzahl und
Schönheit vorzeigen kann:

Eine Marterung von 3000 Christen; zwey
Zeichnungen auf grauem Papier: die erste Sim-
sons Thaten, die andere die Auferstehung Christi;
ein Altarblatt, vorstellend die Mutter Gottes mit
dem Christkinde auf dem Schooße unter einem
Baume; zwey Marienbilder mit dem Christkinde
auf dem Schooße; das Bildniß Kaisers Maximilian des Ersten, in seinem Sterbjahre gemacht;
die h. Jungfrau mit einem nakten Christkinde auf
den Armen; eine geistliche emblematische Vorstellung der allgemeinen Verehrung der h. Dreyeinig-
keit; ein männliches Bildniß auf antike Art; ein
Marienbild mit dem Jesuskinde an der Brust;
Bildniß eines dicken ansehnlichen Mannes. — Aus
Dürers Schule, das Leben, die Wunder und das
selben Christi auf 85 meist zu beyden Seiten ge-

G malten

malten Täfelchen; die Anbetung der Weisen; Bildniß eines lebhaften jungen Mannes.

In der Kaiserlichen Gallerie des Belvedere
ist: Mariens Krönung. Dürer hat dieses Stück
in fünf Monaten gemalt.

In dem Gräfl. Friesischen Museum zu Wien
befindet sich eines der merkwürdigsten Gemälde von
Dürern, vom J. 1518:

Unter der Vorstellung der sterbenden Mutter
Gottes stellt es eine Menge interessanter Portraite
dar, nämlich Kaiser Maximilian den I., seine
Gemalinn Maria von Burgund, und seinen Sohn
Philipp den I. König in Spanien, nebst mehrern
ihnen zugethanenen Personen, unter dem Bilde der
Apostel. *)

Zwölftes Kapitel.

Medaillen, welche Dürern zu Ehren verfertigt worden sind.

Die Schaustücke, welche auf Dürern vorhanden sind, sind folgende:

1) Ein bossirtes sehr erhabenes einseitiges
Schaustück mit dem rechtschauenden bärtigen
Brustbilde, mit kurzen Haaren, ganz kleinem ge-
kräusel-

---

*) S. Hrn. v. Mecheln Beschreibung dieses Gemäl-
des in Hrn. Hofr. Meusels Museum VI. St.
u. 3. S. 24.

kräuselten Halskragen, und vornen etwas umgeschlagenen alten Ehrenrocke, ohne alles Zeichen und ohne Unterschrift. *)

2) A. das linksssehende Brustbild mit kurzen
Haaren und der Umschrift: *Imago Alberti Düreri Aetatis Snae.* LVI. — R. das Dürerische
Wappen, in dessen Schild ein offenes Thor mit
zwey Flügeln, wozu man über drey Treppen hinauf-
steigt, auf dem Helme aber ein wachsender Mann
ohne Arme mit einem spitzigen Hute zwischen zwey
Flügeln zu sehen ist. Umschrift: *Inclita Virtus.*
M. D. XXVII.

Lochner in der Sammlung merkwürdiger Me-
baillen A. 1740. S. 289 hat sie beschrieben, und
Doppelmayr in den Nachrichten von nürnbergischen Künstlern Tab. XIV. abstechen lassen. In
dem *Museo Mazzuchelliano* T. I. Tab. 41. ist
sie mit einigen Veränderungen, die aber vielleicht
Fehler des Kupferstechers sind, zu sehen: Nämlich,
statt der Röschen, die zwischen allen Worten des
Averses und Reverses auf der Medaille sich befinden, sind im Mus. Mazz. nur Punkte; statt der
Jahrzahl MDXXVII. steht MDXXVI. und im
Schilde des Wappens ist die Thüre nicht ausgedrückt, welches von einem schlechten Gusse herrüh-
ren mag.

G 2   3) A.

<hr>

*) S. Hrn. Prof. Wills Nürnb. Münzbelust. P. I.
P. 313.

3) A. wie der vorige. R. In sieben Zeilen der Spruch: *Mirabilia Opera Tua Et Anima Mea Cognoscet Nimis. Ps.* 138. *)

4) A. wie der vorige. R. In sieben Zeilen die Aufschrift: *Be. Mia. (Ma.) Obdormiuit In Xpo. IV. Idus Aprilis.* M. D. XXVIII. VI. C. IV. **)

5) Avers und Revers ohngefähr wie der vorige. Auf dem Revers zeigt sich der Unterschied in der Absetzung der Zeilen und in der Einfassung der Schrift mit einem Kranze, der auf dem vorigen nicht ist. ***)

6) A. abermal wie der vorige. R. das Brust-bild der Pfalzgräfinn Susanna mit der Umschrift: *Susanna Co. Pala. Rhe. Duciss. Baio. ZC. Anno* XXVIII. *Na.*

Wie die Pfalzgräfinn und Dürer hier zusammen kommen, hat Köhler in dem XXI. Theile der Münzbelustigungen S. 303 bey Erklärung dieses Schaustücks untersucht. Köhler nämlich stellte sich die Möglichkeit der Vereinigung der zwey sich nicht zusammenschickenden Seiten dieses Schaustücks muthmaßlich also vor: Beyde Bilder sind Kunststücke unsers Dürers; er hatte die Bildnisse bossirt, abformen, und entweder selbst, oder von einem

---

*) S. Mus. Mazzuch. Tab. 42.

**) S. Mus. Mazzuch.

***) S. Doppelmayer Tab. XV. und Mus. Mazz. Tab. 41. und 42.

einem Gold- und Silberarbeiter in solches Metall
einseitig abgießen lassen. Beyde Stücke bekam
ein Liebhaber, und ließ solche in einem neuen Gusse
zusammenfügen, um dadurch auch der Nachwelt zu
versichern, daß beyde Bilder Dürerische Arbeiten
wären. Daß es zweyerley Stücke gewesen seyn,
die nicht zusammen gehört haben, ist aus den bey-
gesetzten Lebensjahren deutlich zu sehen. Der Pfalzgräfinn Susanna 28stes Jahr fällt in das Jahr
1530, und Albr. Dürers 56stes in das 1527ste
Jahr. Hiebey ist noch dieses anzumerken, daß derjenige, welcher aus dem Bildniß der Pfalzgräfinn
Susanna und dem Bildniß Dürers, als zwey
besondern Stücken, ein Schaustück gemacht hat,
entweder die auf dem ersten Abgusse auch mit erhaben gegossenen Buchstaben befindlichen Umschriften
mit Fleiß in den neuen Abgüssen muß verdeckt, oder
auch nur die zuerst bossirten Köpfe ohne Umschriften in die Hände bekommen haben, weil er dieselben eingestochen hat.

7) Ein einseitiges Stück mit dem linksschauen-
den Brustbilde; oben ist das Wort *Imago*, zur
Rechten ein †, zur Linken das bekannte Dürerische Zeichen, unter welchem das Jahr des Alters
LVI steht, und unter dem Arme ist die Jahrzahl
1528. *)

8) Ein einseitiges Stück mit dem rechts-
schauenden Bildnisse in langen Haaren und pelzig-

G 3 tem

---

*) S. Doppelmayer ebendaselbst. Tab. 15.

tem Kleide. Die fehlerhafte Umschrift heißt: *Albertt Dureris Pictoris Germani Effigies.* 1561. Doppelmayr hat eben diese Medaille, aber mit verbesserter Umschrift, Tab. XIV.

9) Eben das vorige einseitige Stück, aber etwas kleiner und mit anderer Umschrift, bey der jedoch in dem Worte *Pictor* auch ein Fehler ist: *Albertus Durer Pictoris Germanicus.* *)

10) Eine ovale einseitige Medaille mit den vollen Brustbildern Wilib. Pirkheimers und Albr. Dürers, wie dieser vor der Staffeley mit dem Pinsel in der Hand sitzt und jenen abmalt. Darüber steht: H (errn) *Bilibaldi Birkeym.* (ers) *Alber.* (ti) *Durer.* (s) nämlich Bildniß.

Lochner, der diese Medaille a. a. O. S. 417 beschrieben hat, merkt an, daß an dem Rücken Dürers der Name des Künstlers C. *Kold.* angezeigt sey; allein Hr. Prof. Will fand diesen Namen nicht auf seinem Exemplare, sondern nur in der Mitte des Reverses ganz alleine das Düreri-sche Zeichen. **)

11) Ein einseitiges Stück mit dem Brustbilde, ohne Jahrzahl und Alter, aber mit der Umschrift: *Albertus Durerus Noricus Pic. Om.*

12) Ein silberner Medaillon von Goldschmiedsarbeit. Die Hauptseite zeigt in einem vergoldeten

Spiegel

---

*) S. Mus. Mazzuch. T. I. Tab. 42.

**) S. auch Doppelmayer Tab. XV. und Junkers Ehrengedächtniß.

Spiegel das erhabene Brustbild Dürers im Profil zur rechten Seite gekehret. Er hat nebst dem über die obern Lippen herabhangenden stärkern Bart auch einen kurzen Backenbart und lange etwas gekräuselte Haare, die auf einem Pelzschlafrocke aufliegen. Um den vertieften Spiegel geht ein erhabner breiter silberner Rand, in welchem zwischen einer Zierrath folgende Worte von einem Schriftstecher eingestochen sind: *Alberti Dureri Pictoris, Germani Apellis Effigies.* Diesen Rand umfaßt ein breiter, erhabner und vergoldeter Reif, der auf der Hauptseite, welche er mit der Nebenseite zusammenhält, beperlet, auf der andern Seite aber glatt ist.

Die Rückseite ist von schwarzgeschmolzener Arbeit, und die Buchstaben folgender Inschrift sind silbern:

D. O. M. S.

Alberti poſſis *Dureri* cernere vultum

Iani Bezoldi dextera docta facit.

Ingenii vero ſi vis cognoſcere dotes,

Perlege, quos ſcripſit non ſine laude, libros.

Oſſa tegit tumulos (für tumulus); mens occupat atria coeli;

Illius aſt albis Fama triumphat equis.

Vivat *Dureri* et *Bezoldi* nomen honorque.

Claros nempe Viros Muſa mori prohibet.

Natus Norimb. 20 MaI. 1471.

Ob. ibid. 6 Apr. 1528. aetatis 57.

C. H. N.

Diese

Diese letzten Buchstaben C. H. N. bedeuten sehr wahrscheinlich den Verfasser des Denkmals und der Verse, Christoph. Hoeflich. Norimbergensem. Das Bildniß ist getrieben, und vollkommen, wie die oben n. 8, 9, 11, angeführten Stücke. *)

13) Ein einseitiges Schaustück. Es zeigt das rechtsgekehrte Bildniß, mit ziemlichem Barte und langen gekräuselten Haupthaaren, die auf einem Pelzkleide aufliegen, zwischen dem der Brustfleck hervorsieht. Zur linken im leeren Raume steht das Dürerische Zeichen. Es ist in der Hauptsache mit dem Num. 12, einerley. Nur ist hier das Dürerische Zeichen; hingegen fehlt die zierliche Einfassung mit Rand und Reif. Das Stück ist von getriebener Arbeit, sauber vergoldet, und die Höhlung hinten mit einem darüber gelötheten kupfernen Boden bedeckt. **)

14) Eine einseitige Medaille, welche die beyden Brustbilder Wilibald Pirkheimers und Albrecht Dürers vorstellen, mit ganzen Gesichtern. Das Pirkheimerische zur Rechten hat einen mit Pelz aufgeschlagenen Rock, und eine Kette um den Hals; das Kleid des Dürers zur linken ist oben auch mit Pelz aufgeschlagen, sonst aber sitzt er vor dem sogenannten Staffelet, oder Malergerüste, mit dem

*) S. Hrn. Prof. Willa Nürnb. Münzbelust, Th. I. S. 385.
**) Ebendaselbst. P. IV. p. 403.

dem Pinsel in der Hand, den Pirkheimer abzu-
malen. Oben stehet bey jenem: H. (errn) *Bilibaldi Birkeym.* (ers); bey diesem: *Alber.* (ti)
Durer (s); an dem Rücken des Dürers aber
C. Kold. Dieses Stück ist aber kein Gepräge,
sondern nur von getriebener Arbeit, oder ein Nach-
guß. *)

Dreyzehentes Kapitel.

Verzeichniß der Porträite, welche von Albr.
Dürer vorhanden sind. **)

O. Albrecht Dürers Conterfayt, in seinem Alter
des LVI. Jares, U. Schau an — gedruckt
zu Nürnberg bey Wolf Drechsel, Formschneider. fol. *Lign. incis.*

O. Ead. tabula. Albrecht Dürers Conterfayt.
Rechts ein Schild mit seinem Wappen, und
darinnen sein Zeichen mit 1627. fol. *Lign.
incis.*

O. Idenr, Alberti *Dureri* effigies odita ex lignea
tabula ab eodem M. D. XXVII, incisa, quae
Vindobonae in Aug. Bibliotheca Caes. Regia

G 5 asser-

---

*) S. Lochner 53 Woche 1740. S. 417. f. Hrn.
Prof. Wills Nürnbg. Münzbelust. Th. I. S.
313. f. S. 369. Th. IV. S. 404. f.

**) Ist genommen aus Hrn. Schaff. Panzer Ver-
zeichnis von Nürnb. Porträiten. Nürnb. 1790.
4. S. 45 — 47.

afferuatur M. D. CC. L. XXXI. (Ein, 1781
zu Wien wiederholter Abbruck der Tafel des vor-
hergehenden Portraits) fol. *Lign. inc.*

D. Idem. Albrecht Dürers Conterfayt, in feinem
Alter des 56. Jahres. U. Wappen und Zeichen.
U. Al mio C. L. M. Giov. Pietro Tranquilli.
Poet. Rom. D. Dann Andr. Andreani Zeichen
mit den Worten: Mantoano ha intagliato l'An-
no M. D. LXXXVIII. *in Siena.* fol. *Lign. inc.*

D. Liebliche Contrafactur der Bildung des Hochbe-
rühmten Malers Albrecht Dürers, welcher ftarb
zu Nürnberg — Seines Alters im Sieben und
funfzigften. U. Hie fieht man künftlich ꝛc. *M.
Paulus Eberus F. Anno* 1572. fol. *Lign. inc.*

D. Idem. Pictorum et Chalcographor. Germaniae
Principis, Alberti *Dureri* genuina Effigies. U.
Ornatiff. Viris, Dominico Cuftodi — Iacobo
Millero — Hanc — effigiem — offert Lu-
cas Kilianus. ano 1608. *Ab — Iohanne Ro-
tenhamero — depict. A. Luca Kiliano Aug.
Sculpta.* fol.

U. Idem. Copie. Albertus *Durerus*, Norib. vir
ingeniofiffimus — meritorum teftimonia. *Albert. Durerus pinxit. G. W. Knorr fculp.* et
excud. Norib. Dürers Zeichen. 4. Aus Knorrs
Künftlerhift.

U. Idem. Alberti *Dureri* Noribergenfis — effigies
genuina duplex, quas Lucas Kilianus — publicat.

blicat. etc. Viuit poſt funera virtus. D. Natus
1471. 21 Maji etc. Neben ſein Name zweymal mit 1509. und 1517. fol.

U. Idem. Effigies. *Alberte* tuae *Durere* iuvente
etc. Das macht ich nach meiner geſtalt. Ich
was ſey vnd zwantzig Jar alt. Albrecht Dürer.
D. Dürers Zeichen mit 1498. *ipſe Albertus.*
Wenceslaus Hollar Bohemus fecit ex Collectione
Arundeliana, Ao. 1645. *Antverpiae.* fol.

U. Eadem tabula, mit *Ipſe Albertus pinxit.* fol.

U. Idem. Copie. Alberto Duro o Durero Pittore
Intagliatore in Rame ecc. *G. Dom. Ferreti del,*
G. M. Preisler fc. fol. *Ex Muſ. Florent. T.*
I. n. 5.

Eadem tabula, ohne Namen, ſeltenes und
herrliches Blat. Gehört zu den 6 ſeltenen Blättern, die Preißler zu dem Muſeo Flor. verfertiget, und hier Abdrücke davon avant la lettre machen laſſen.

U. Idem. Copie, ohne Namen. Apollo, lobe du ꝛc.
das macht ich ꝛc. D. Dürers Zeichen mit 1498. 4.

U. Idem. Copie. Albrecht *Durer*, Ein ſehr be-
rühmter Mahler — in Nürnberg — Geſtorb.
d. 6. Apr. A. 1528. 4. Aus Blanks Samml.

D. Idem. Albrecht *Durer.* 4.

D. Idem. Albrecht *Dürer* (links gekehrt). U.
Cui ſua Phoebaeae etc. Melch. Lorchs Zeichen
mit 1550. 4.

D. Idem.

O. Idem. Copie mit gleicher Schrift und Zeichen, von Prestel. 4.

U. Idem. Albertus *Dürer* (Rechtsgelehrt) Norimbergensis. Cui sua Phoebaeae etc. Oben links Dürers Zeichen mit 1528. D. M. 4.

U. Idem. Albertus *Durerus*, Norebergens. Vir virtute grauis etc. O. Cum priuilegio — Pars II. Hh (Hondius) excúd. Wapp. fol.

U. Idem. Albertus *Durer* Noricus, inter Pictores omnium aet. facile princeps. Act. 46. *Hen. hondius fe. et exc. A.* 1598. 8.

U. Ead. tabula, ohne Act. 46. *Hen. hondius fe. et ex.* 8.

U. Idem. Effigies Alberti *Dureri* Norici — delineata ad imaginem eius quam Thomas vincidor de Boloignia, ad vivum depinxit Antverpiae 1520. *And. Stock fculpfit: H. Hondius excudit* 1679. fol.

U. Ead. tabula, mit *F. de Wit.* excudit 1629. fol. *Ex Icon. clariffim. Medic. etc. Petri van der Aa.*

U. Idem. Albert. *Durer* G. ur. *Edelinck fcul. Dreuet excudit.* fol.

U. Idem. Albert *Durer*, Alleman. Peintre tres excellent. *B. Moucornet excudit.* 4.

O. Idem. Albrecht *Durer* v. Nurmberg, Mahl. v. Kupferstecher. 8. *Sandrart.*

O. Ead.

O. Ead. tabula, Albrecht *Durerus* Noribergenſis Iunior. 8. *Sandrart.*

U. Idem. Albertus *Durerus,* Pictor Chalcographus, Norimberg. nat. d. 20 May 1471. denat. d. 6. Apr. 1528. *Ioh. Iac. Haid exaud. Aug. Vind.* 4. Schw. K. Aus Brukers Ehrent.

U. Idem. Albrecht Dürer einer derer Vollkommenſten Künſtler ꝛc. *I. W. Heckenauer ſc. Wolfenbittel.* 8. Ex Arends Gedächtniß ꝛc.

U. Idem. *Lucas van Leyden ſc.* V. Füeßli Künſtlerlexic.
Idem. *Th. Meyer ſc.* Ibid.

U. Idem. Albertus *Durer* Noric. nat. 1470. denat. 1524. (8) 12. (G. C. *Kilian*).

U. Idem. Albertus *Dürerus* etc. Se ipſ. pinx. G. C. *Kilian* incidit. 1771. 8.

U. Idem. Albertus *Durerus* u. Michael *Wohlgemuth.* 8. G. C. *Kilian.*

R. Idem. Imago Alberti *Dureri,* aetatis ſuae LVI. 12.

U. Idem. Albertus *Durerus* Noricus inter pictores etc. obiit etc. aet. ſ. LVI. *h. Cock excu. P. ANE.* 4.

U. Idem. Albrecht *Durer* Abconterfeit. in. ſeinem. Alter. des LVI Iarrs etc. N. W. 4.
Idem. Albertus Dürerus. Noricus. Pictor Eminentiſſ. V. Knorrs Künſtlerh. p. 38.

R. Idem.

R. Idem. Albertus *Durerus* — Inter. Pictores —
— Princeps. 1. 5. 7. 1. O. I. W. 8.

U. Idem. Albertus *Durerus* Math. Pictor et Sculpt.
Nor. 12. *Ex Freh.*

Idem, ohne Namen, mit Willb. Pirkh. und andern auf dem Titelbl. von Bartschii Planisph. M.
V. *Sommr. sculpt.* 4.

U. Albert. *Durerus.* O. Dür. Zeichen (*de Mayr sc.*)
Ov. Titelvign. des Verzeichn. der N. K. Portr.
Ead. tabula, ohne Schrift.

Idem. Alber. *Durer.* D'Argenv. II. 3.

Idem. Bullart. T. 2. p. 383.

Idem. Serie etc. T. 4. p. 1.

Idem. Lavaters Physiogn. T. III.

O. Idem. Albertus *Durerus* etc. 12. *Lign. inc.*
ex Zeid. theatr. p. 31.

Idem, in einer Rundung ohne alle Schrift.

Idem, in der Abbildung des verlohrnen Sohnes.

Idem, in Mechels Verzeichn. der Kaiserl. Bildergallerie in Wien S. 229.

Es ist ein Kupferstich, der manchen Samm-
lungen Dürerischer Arbeiten vorgesetzt ist, mit folgender Unterschrift vorhanden:

Alberti Dureri Nor. Pictorum Germ. Principis, effigies genuina duplex, quas Lucas Kilianus, Augustanus, ex archetypo autoris posteritati
spectandas publicat, et primum quidem ex tabula

la arae, in qua historia Assumptionis B. Mariae
fuit depicta, quam templo Dominicanorum Fran-
cofurti ad Moenum Iac. Heßer et Catharina von
Möllin eius coniux dedicauit A. C. M. DIX. al-
teram vero ex tabula arae Sacelli omnium sanctorum Noribergae, in qua chori sanctorum angelo-
rum, martyrum et confessorum fuerunt expressi,
Anno C. N. MDXVII. fol.

Dürers Kopf nach einem von Rottenham-
mer nach Dürern copirten Gemälde von Hrn.
Verhelst 1782, in Kupfer gestochen, befindet
sich in Hrn. Kleins Leben und Bildnissen großer
Deutschen. B. II.

Erste Beilage.

Eigenhändig geschriebene Nachricht Albrecht Dürers von seinem Vater. *)

„A. 1524. nach Weyhnachten in Nürnberg. Ich Albrecht Dürer, der Jüngere, habe zusammengetragen aus meines Vaters Schriften, von wannen er gewesen sey, wie er herkommen, und geblieben, und geendet seeliglich. Gott sey ihm und uns gnädig. Amen.

Albrecht Dürer der Aeltere, ist aus seinem Geschlecht gebohren im Königreich zu Hungarn, nicht fern von einem kleinen Städtlein, genannt Jula, acht Meilwegs weit unter Warbein, aus einem Dörflein zunächst dabey gelegen, mit Namen Eytas, und sein Geschlecht hat sich genährt der Ochsen und Pferde; aber meines Vaters Vater, der genannt gewesen ist Anton Dürer, ist knabenweise in das obgedachte Städtlein gekommen, zu einem Goldschmid, und hat das Handwerk bey ihm gelernet. Darnach hat er sich verheurathet mit einer Jungfrau, mit Namen Elisabeth, mit der hat er eine Tochter Katharina und drey Söhne erzeuget. Der erste Sohn, Albrecht Dürer genannt, der ist mein lieber Vater gewesen und auch ein Goldschmid worden. Den andern Sohn hat er
Laßlen

*) S. Hrn. Prof. Wills Münzbelust. Th. I. S. 322. f.

Laßlen genannt, der war ein Zaummacher; von
dem ist gebohren mein Vetter Nikolaus Dürer,
der zu Kölln sitzt, den man nennt Niklas Unger,
der ist auch ein Goldschmid und hat das Handwerk
hier in Nürnberg bey meinem Vater gelernet. Den
dritten Sohn hat er Johannes genannt, den hat
er studieren laſſen, derselbe iſt darnach zu Wardein
Pfarrer geworden und bey 30 Jahr lang geblieben.
Darnach iſt Albrecht Dürer, mein lieber Vater,
nach Deutſchland gekommen, lang in den Nieder=
landen bey den gröſten Künſtlern geweſen und auf
die letzt her gen Nürnberg gekommen, als man ge=
zählt hat nach Chriſti Geburt 1455 Jahr, am St.
Lorenztag. Auf denſelben Tag hatte Philipp Pirk=
heimer Hochzeit auf der Veſten, und war ein gro=
ßer Tanz unter der großen Linden. Darnach hat
mein lieber Vater, Albrecht Dürer, dem alten
Hieronymus Haller gedient eine lange Zeit, biß
daß man nach C. G. gezählt hat 1467 Jahr: da
hat ihm mein Anherr ſeine Tochter gegeben, eine
hübſche gerade Jungfrau, Barbara genannt, 15
Jahre alt; und hat er mit ihr Hochzeit gehabt acht
Tage vor Viti. Auch iſt zu wiſſen, daß meine
Anfrau, meiner Mutter Mutter, iſt des Oellin=
gers Tochter von Weiſſenburg geweſen, und Ku=
nigunda geheißen hat. Mein lieber Vater hat
mit ſeinem Gemahl, meiner lieben Mutter, dieſe
nachfolgende Kinder gezeugt: dieß ſetze ich, wie er
es in ſein Buch geſchrieben hat, von Wort zu
Wort:

H   1) Item

1) Item nach C. G. 1468 Jahr, am St. Margarethen Abend, in der sechsten Stunde, gebahr mir meine Hausfrau, Barbara, meine erste Tochter, ward mein Gevatter die alte Margareth von Weissenburg, und nannten wir das Kind Barbara, nach seiner Mutter.

2) Item nach C. G. 1470 Jahr, am St. Maria-Tag in der Fasten, zwo Stunde vor Tags, gebahr mir meine Hausfrau Barbara mein anderes Kind, einen Sohn, den hub aus der Taufe Fritz Roth von Bareuth, und nennte meinen Sohn Johannes.

3) Item nach C. G. 1471 Jahr, in der sechsten Stunde am St. Prudentien-Tag, an einem Erichtag in der Kreuzwoche, gebahr mir meine Hausfrau Barbara meinen andern Sohn, zu dem war Gevatter Anton Koburger, und nennte ihn Albrecht nach mir.

4) Item nach C. G. 1472 Jahr, in der dritten Stunde am St. Felix-Tag, gebahr mir meine Hausfrau, Barbara, mein viertes Kind, dazu war Gevatter Sebald Hölzle, und nennte meinen Sohn Sebald nach ihm.

5) Item 1473 Jahr nach C. G. am St. Ruprechts-Tag in der sechsten Stunde, gebahr mir meine Hausfrau, Barbara, mein fünftes Kind, zu dem war Gevatter Hanns Schreiter, beym Tauferthor, und nennte meinen Sohn Hieronymus, nach meinem Schweher.

6) Item

6) Item nach C. G. 1474 Jahr am St. Domiß=Tag, in der 2ten Stunde, gebahr mir meine Hausfrau, Barbara, mein sechstes Kind, dazu war Gevatter, Ulrich Marx, Goldschmid, und nennte meinen Sohn Anton.

7) Item nach C. G. 1476 Jahr in der 1. Stunde am St. Sebastian=Tag, brachte mir meine Hausfrau mein siebentes Kind, dazu war Gevatter Jungfrau Agnes Bayerin, und nennte meine Tochter Agnes.

8) Item darnach über eine Stunde gebahr mir meine Hausfrau noch eine Tochter in großen Schmerzen, und das Kind wurde jachgetauft und genannt Margaretha.

9) Item nach C. G. 1477 Jahr auf dem nächsten Mittwoch nach St. Lorenzen=Tag gebahr mir meine Hausfrau, Barbara, mein 9. Kind, und war Gevatter Jungfrau N. und nennte meine Tochter Ursula.

10) Item nach C. G. 1478 Jahr gebahr mir meine Hausfrau, Barbara, mein 10. Kind, in der britten Stund des nächsten Tages nach Petri und Pauli, und war Gevatter Hanns Stergir, des Schombachs Freund, und nennte meinen Sohn Hanns.

11) Item nach C. G. im 1479 Jahr, drey Stunden vor Tags, an einem Sonntage vor St. Arnolds=Tag, gebahr mir meine Hausfrau, Barbara, mein 11. Kind, und war Gevatter die Ag-

nes, Friz Fiſcherin, und nennte meine Tochter
nach ihr auch Agnes.

12) Item nach C. G. 1481 Jahr in der
erſten Stunde des Tags Vinculi Petri, gebahr mir
meine Hausfrau mein 12. Kind, und war Gevatter Jobſt Hallers Diener, mit Namen Nikolaus,
und nennte meinen Sohn Peter.

13) Item nach C. G. 1482 Jahr in der
vierten Stunde des nächſten Pfingſttags vor Bartholomaei, gebahr mir meine Hausfrau, Barbara mein 13. Kind, und war Gevatter des leunt-
warts Tochter, Katharina, und nennte meine Tochter auch Katharina.

14) Item nach C. G. 1484 Jahr vor St.
Marx-Tag, eine Stunde nach Mitternacht, gebahr mir meine Hausfrau mein 14. Kind, und
war Gevatter der Endres Strohmayr, und nennte meinen Sohn auch Endres.

15) Item nach C. G. 1486 Jahr zu Mit-
tag am Erichtag vor Georgi, gebahr mir meine
Hausfrau, Barbara, mein 15. Kind, und war
Gevatter der Sebald von Lochheim, und nennte
meinen Sohn auch Sebald; der iſt der andere
Sebald.

16) Item nach C. G. 1488 Jahr zu Mit-
tag des nächſten Freytags vor unſers Herrn Auf-
farths-Tag, gebahr mir meine Hausfrau, mein
16. Kind, und war Gevatter Bernhard Walters
Haus-

Hausfrau, und nennte meine Tochter Christina nach ihr.

17) Item nach C. G. im 1490 Jahr an der Herren Faſtnacht, zwey Stunden nach Mitternacht, gebahr mir meine Hausfrau mein 17. Kind, und war Gevatter Herr Georg Vicarius zu St. Sebald, und nennte meinen Sohn Hanns; das iſt mein dritter Sohn, der da Hanns heiſt.

18) Item nach C. G. 1492 Jahr am St. Cyriacus-Tag, zwey Stunden vor Nachts, gebahr mir meine Hausfrau das 18. Kind, und war Gevatter Hanns Carl von Ochſenfurt, und nennte meinen Sohn auch Carl.

Nun ſind dieſe meine Geſchwiſtrige, meines lieben Vaters Kinder, alle geſtorben, etliche in der Jugend, die andern da ſie erwachſen; allein leben wir drey Brüder noch, ſo lang Gott will, nemlich: ich Albrecht; mein Bruder Andreas; desgleichen mein Bruder Hanns, der dritte des Namens, meines Vaters Kinder.

Dieſer obgemeldte Albrecht Dürer, der Aeltere, hat ſein Leben mit groſſer Mühe und ſchwerer harter Arbeit zugebracht und von nichts anders Nahrung gehabt, denn was er für ſich, ſein Weib und Kind, mit ſeiner Hand gewonnen hat; darum hat er gar wenig gehabt; er hat auch mancherley Betrübung, Anfechtung und Widerwärtigkeit gehabt. Er hat aber auch von Männiglichen, die ihn gekannt haben, ein gutes Lob gehabt; denn er

H 3   hielt

hielt ein ehrbares christliches Leben, war ein gedultiger Mann und sanftmüthig, gegen Jedermann friedsam, er hat sich auch nicht viel Gesellschaft und weltlicher Freude bedienet, er war auch weniger Wort und ein gottesfürchtiger Mann.

Dieser mein lieber Vater hat großen Fleiß auf seine Kinder gewandt, sie zur Ehre Gottes zu erziehen; denn sein höchstes Begehren war, daß er seine Kinder mit Zucht wohl aufbrächte, damit sie vor Gott und den Menschen angenehm würden. Darum war seine tägliche Sprache zu uns: daß wir Gott sollten lieb haben und treulich gegen unsern Nächsten handeln. Sonderlich hatte mein Vater an mir einen Gefallen, da er sahe, daß ich fleißig in der Uebung zu lernen war; darum ließ er mich in die Schule gehen; und da ich schreiben und lesen gelernet, nahm er mich wieder aus der Schule und lehrte mich das Goldschmids = Handwerk. Da ich nun säuberlich arbeiten konnte, trug mich meine Lust mehr zu der Malerey, denn zu dem Goldschmids = Handwerk. Dieß hielte ich meinem Vater vor; aber er war nicht wohl zufrieden; denn es reute ihn die verlorne Zeit, die ich mit der Goldschmids = Lehre zugebracht hatte. Doch ließ er mirs nach, und da man zählt nach C. G. 1486 am St. Andreas = Tag, versprach mich mein Vater in die Lehrjahre zu Michael Wohlgemuth, ihm drey Jahr lang zu dienen. In der Zeit verliehe mir Gott Fleiß, daß ich wohl lernte, ob ich

schon

schon viel von seinen Knechten leiden muſte. Da
ich ausgedienet hatte, ſchickte mich mein Vater hinweg, und blieb ich vier Jahre aus, bis daß mich
mein Vater wieder forderte, und als ich im 1490
Jahr nach Oſtern hinweg zog, kam ich wieder, als
man zählte 1494 nach Pfingſten. Als ich anheim kommen war, handelt Hanns Frey mit meinem Vater und gab mir ſeine Tochter, mit Namen Jungfrau Agnes, gab mir zu ihr 200 fl.
und hielt die Hochzeit, war am Montag vor Margarethen im 1494 Jahr.

Darnach begab ſichs aus Zufall, daß mein
Vater krank wurde an der Ruhr, alſo, daß ihm
dieſe niemand ſtillen mochte. Da er nun den Tod
vor ſeinen Augen ſahe, gab er ſich willig drein,
mit großer Gedult; befahl mir meine Mutter, und
befahl uns göttlich zu leben. Er empfing auch
die h. Sacramente und verſchied chriſtlich, wie ich
das in meinem andern Buche nach der Länge beſchrieben habe, im Jahr 1502 nach Mitternacht
von St. Matthäus-Abend. Dem Gott gnädig
und barmherzig ſey!

Darnach nahm ich meinen Bruder Hannſen
zu mir; aber den Endreſen ſchickten wir weg.
Zwey Jahre nach meines Vaters Tod nahm ich
meine Mutter zu mir; denn ſie hatte nichts mehr;
und da ſie bey mir wohnte, biß daß man zählte
1513 Jahre, da wurde ſie an einem Erichtage früh
töblich und jähling krank und lag ein ganzes Jahr

H 4 lang.

fang. Und von dem erſten Tag an über ein Jahr, als ſie krank worden, war an einem Erichtag, am 17. May im 1514 Jahr, nach Empfahung des h. Sacraments, iſt ſie chriſtlich verſchieden, zwey Stunden vor Nachts, der ich ſelbſt vorgebethet habe. Der allmächtige Gott ſey ihr gnädig!

Darnach im 1521 Jahre, am Sonntag vor Bartholomaei, war der 18. Auguſt im Zwilling, war meine liebe Schwieger, die Hanns Freyin, krank, und am 29. Tag des Herbſtmonats, nach Empfahung der Sacramente, verſchied ſie, in der Nacht zu der 9. Stunde nach der Nürnberger Uhr. Der allmächtige Gott ſey ihr gnädig!

Darnach als man zählt 1523 Jahr, an unſrer lieben Frauen Tag, als ſie in dem Tempel geopfert ward, frühe vor dem Garaus, iſt verſchieden Hanns Frey, mein lieber Schweher, der bey ſechs Jahren krank war, der auch in der Welt gleich unmögliche Widerwärtigkeiten erduldet hat, der auch mit den Sacramenten verſchieden iſt. Der allmächtige Gott ſey ihm gnädig."

Zweyte Beylage.

Fragment des Dürerischen Tagbuchs.

(Noch ungedruckt.)

Unter dem Dürerischen Zeichen stehet von einer alten fremden Hand folgendes geschrieben:

„Albrecht Dürers seligen Aigne hantschrifft, wie sein Vatter vnd Muetter gestorben, Auch wie er daß große Wunderwerk so er all sein tag gesehen, nemlich ein Crucifir, so in ein halshembt gefallen von himel herab, aigentlich aller maß vndt gestalt, wie solchs gewest, abgemalt. "

Der eigenhändige Dürerische Auffaß selbst besteht aus einem einzelnen Folioblatte, und scheint ein Theil eines Tagebuchs zu seyn, das sich Dürer hielt, indem es oben mit der Zahl 19 numerirt ist, und sich der Text auf das Vorhergehende bezieht. Hier ist das Fragment:

— — begert also hett Im dy alt frow awff geholffn vnd dy schloffhawb awff seine hawbt was Jehling gantz nas worden vor grosse schweistropffen also hett er zw trinckn begert do hette sy Im gebn ein wenig reinfell *) des hett er gar ein wenig einge-

H 5

*) Reinfall, ein italienischer Wein, welcher sonderlich auf dem Gebirge Proseck in Istrien wächst, daher auch dem besten der Beyname Prosecker.

eingenumen vnd hett wider Jn das pett begert vnd hett Jn gedanckt vnd do er Jn das pett komen hett er von stund an Jn dy zwg (ist in die letzten Züge gefallen) gegriffen als pald hett Jm die alt frow dz licht angezünt vnd Jm sant pernharth Versch) (St. Bernhards Verse oder Sterbelied) vorgesprochen vnd e sy den tritten gesprach do was er verschiden gott sey Jm barmhertzig vnd dy Jwng magt do sy dy verentrung sach do luff sy schnell zw meiner kamer mich weckte vnd e Jch herab kam do was er verschiden den Jch thott mit grossem schmertzn ansach des Jch nit wirdig pin gewesen pey seinem end zw sein vnd Jn der neysten nacht sor sant matheuss. abent ist mein vater serschiden Jn dem obgemelten Jor der barmhertzig gott helff mir awch zw einem selligen end vnd hett mein muter eine betrübte Wittwen gelossen dy er mir albeg grosslich lobett wie sie so ein from fraw wer deshalb Jch mir fürnym sy nymer mer zw lassen O Jr all mein frewnt Jch pit ewch vm gotz willen so Jr meins fromen vaters verscheiden lest Jr wölt seiner sell gedencken mit einem Vatter Vnser vnd Ave Maria awch von ewer sell wegen awff dz so wir gott dienen dz wir ein selig leben ererben vnd eins guten endz willen wan es ist nit müglich der woll lebt dz er übell abscheid von dyser welt

Reinfall gegeben wird. Er ist ganz schwarz und dick, hat aber einen sehr angenehmen Geschmack und ist gesund.

welt wan gott ist vol barmherzikeit durch dy geb
vns got noch disem elenderin leben dy frewd der
ewigen selickeit durch den vatter den sun vnd den
heilign geist on anfang vnd on end ein ewiger regi-
rer. Amen.

Nun solt Jr wissen dz Jm Jar 1513 an einem erichtag (Dienstag) vor der creuzwochen
meine arme elende Muter dy Jch zwey Jor noch
meines vaters dott zw mir nam dy do gantz arm
was Jn mein Plig (Pflig, Pflege) nahm, di
sy 9 Jor was pey mir gewest an einem morgen
frw Jehling also töttlich kranck ward dz wir dy
kamer awffsprachen dan wir sunst so sy nit awff
kunten thon nit zw Jr kunten also trugen wir sy
herab Jn eine stuben vnd man gab Jr pede sacra-
ment dan alle welt meinte sy solt sterben dan sy hielt
in gesunde Zeit Jm noch meines vaters tot vnd Jr
meinster geprawch was vill Jn die kyrchen vnd
stroffett mich albeg fleisig wo Jch nit woll handlit
vnd sy het albeg meiner vnd meiner prüder gros
sorg vor sünder vnd Jch gieng aus vber ein so was
albeg Jr sprichwort ge Jn dem nomen Jesw vnd
sy tette vns mit hohem fleis stettiglich heilige ver-
manung het albeg grosse sorg für vnser sell vnd
Jre gute werck vnd barmherzikeit dy sy gegen Jedermann erzeigt hat kan Jch nit gnugsam anzei-
gen

gen vnd Jr gut lob dyse meine frume muter hat
18 kint tragen vnd ertzogen hat oft dy pestilenz
gehabt vill andrer schwerer merklicher kranckheit
hat grosse armut gelitten verspottung verachtung
hönische wort schrecken vnd grosse widerwertigkeit
noch ist sie ny rochselig (rachsüchtig) gewest von
dem an an dem vor bestymten dag als sy krank ist
worden vber ein Jor do man zalt 1514 Jor an
einem erichtag was der 17 Tag Jm Meyen zwen
stund vor nacht Jst mein frume Muter Barbara
Dürerin verschiden cristlich mit allen sacramenten
aws pepstlichen gewalt von pein vnd schuld geab-
solvirt. Sy hat mir och vor Jren sel. end segen
vnd den gotlichen frid gewünst mit vill schöner ler
auff das ich mich vor sünden solt hüten, sy begert
awch vor zw truncken sant Johans segen als sy
dan tett vnd sy forcht den tot hart aber sy saget,
für gott zw kumen fürchtet sy sich nit, sy ist awch
hart gestorben vnd Jch merkt das sy ettwas graw-
sams sach dan sy fordert dz weihwasser vnd het
doch vor lang nit gerett also prachen Jr dy awgen
Jch sach auch wy Jr der tott zwen gros stos ans
herz gab vnd wy sy mund vnd awgen zw tet vnd
verschid mit schmerzen Jch pittett Jr vor dovon
hab Jch solche schmerzen gehabt dz Jchs nit aws-
sprechen kan got sey Jr genedig. Jr meinst frewd
ist albeg gewest von gott zu reden vnd sach gern dy
er gottes vnd sy was Jm 63 Jor do sy starb, vnd
Jch hab sy erlich noch meinem vermügen begraben
lassen. Gott der her verleihe mir dz Jch awch ein

seligs

seligs ent nem vnd das got mit feinem himlifchen
her mein wart, Muter vnd frewnd zw meinem end
wöllen fumen vnd dz vns der allmechtig got dz
ewig leben geb. Amen. Vnd Inn Irem tot fach
fy Will liblicher dan do fy noch dz leben hett.

***

Dz groft wunderwerck dz Ich all mein tag gefehen hab ift gefchehn Im 1503 Jer als awff vil
lewt frewtz gefallen find funderlich mer awff dy
find den ander lewt vnder den allen hab Ich eins
gefehen In der geftalt wy Ichs hernach gemacht
hab vnd es was gefallen awffs eyrers magt der
Ins pirfamers hynderhaws faß Ins heint Inn
linnen (ift vnverftändlich) turch vnd fy was fo
betrübt trüber dz fy weinet vnd fer flackte wan fy
forcht fy müft torvon fterben.

(Nun folgt die Zeichnung des Crucifixes.)

***

Awch hab Ich einen komett am hymell ge-
fehn.

Itl. dz nachfolgett ift mein hab dy Ich erer-
bet hab hertiglich mit meyner hant wan nie hab
Ich fall gehabt zw groffer gewiñung hab awch
groffen fchaden erlitten dz Ich verporgt hab torfür

mir

mir nit ist worden desgleichen mit knechten by nit
rechnung thetten awch mir einer zw rom (Rom)
gestorben mit verlustigung meines gut. Deshal-
ben do Ich Im 13 Jor In meiner e pin gewest
hab Ich grosse schuld bezalt by Ich zw Venedig
gewuñen hab. Itl. ein zymlich gutes haws rott
gute kleyder von Zynnen geschirr guten Werkzewg
Petgewannt, Truhen vnd Behelter, mer vm 100
fl. reinisch gute farb.

Nachricht.

Hamburg auf Kosten des Verfassers und Leipzig in Commißion der Dykischen Buchhandlung ist erschienen:

Sämmtliche dramatische Schriften von Johann Christian Brandes. Acht Bände compl.   8 Rthlr.
    Dieselben auf holl. Papier   10 Rthlr.

    Die darin befindlichen Stücke einzeln:

Der Landesvater, Schauspiel in 5 Akten   8 Gr.
Der geadelte Kaufmann, Lustspiel in 5 Akten   8 Gr.
Ariadne auf Naxos, Duodrama   2 Gr.
Ollivie, Trauerspiel in 5 Akten   8 Gr.
Der liebreiche Ehemann, oder der Schein betrügt,
    Lustspiel in 5 Akten   8 Gr.
Constanzie von Detmold, oder Maaß für Maaß,
    Schauspiel in 5 Akten   7 Gr.
Der Graf von Olsbach, oder die Belohnung der
    Rechtschaffenheit, Schauspiel in 5 Akten   8 Gr.
Rahel, oder die schöne Jüdinn, Trauerspiel in
    3 Akten   6 Gr.
Die Hochzeitfeyer, oder Ist's ein Mann oder ein
    Mädchen? Lustspiel in 5 Akten   7 Gr.
Alderson, Trauerspiel in 5 Akten   10 Gr.
Alderson, zweyter Theil, oder Miß Sara von
    Salisbury, Schauspiel in 4 Akten   8 Gr.
Alderson, dritter Theil, oder Fortsetzung der
    Miß Sara von Salisbury, Schauspiel in 5
    Akten   10 Gr.

Was

Was dem Einen recht ist, ist dem andern billig,
    Lustspiel in 3 Akten   6 Gr.

Die Mediceer, Schauspiel in 5 Akten   6 Gr.

Die Erbschaft, oder der junge Geizige, Lustspiel
    in 4 Akten   8 Gr.

Der Gasthof, oder Trau' schau' wem! Lustspiel
    in 5 Akten   8 Gr.

Unbesonnenheit und Irrthum, Schauspiel in 5
    Akten   10 Gr.

Ino, Melodrama   2 Gr.

Ottilie, Trauerspiel in 5 Akten   8 Gr.

Der Hagestolze, oder Wie man's treibt, so geht's!
    Lustspiel in 5 Akten   8 Gr.

Die Irrthümer, Lustspiel in 1 Akt   4 Gr.

Der Schiffbruch, Trauerspiel in 5 Akten   8 Gr.

Der Landjunker in Berlin, oder die Ueberlästigen,
    Lustspiel in 5 Akten   10 Gr.

Die Komödianten in Quirlequitsch, Lustspiel in
    3 Akten   8 Gr.

Jedem Bande ist auch eine Abhandlung vorgesetzt,
    worin von der Entstehung der darin befindlichen
    Stücke, ihrer günstigen oder ungünstigen Auf-
    nahme bey der Vorstellung, den darüber gefällten
    Urtheilen u. s. w. Nachricht ertheilt wird.